晩酌わくわく！

アイデアレシピ

著　パリッコ

ele-king books

まえがき

僕はお酒が大好きで、それが高じて「酒場ライター」なんて仕事をさせてもらってます。いやほんとに、ありがたいことです。当然赤ちょうちんなんかがぶらさがってる大衆酒場で飲むのが何よりの趣味なんですが、実は同じくらい、家での晩酌も大好き。それも、おつまみを自分で作りながら飲むことに無上の喜びを感じてしまうタイプなんです。

なぜ？　と聞かれてもはっきりとは答えられないんですが、晩酌クッキングには、成功の嬉しさがある。失敗したつまみで飲むおかしみがある。大げさにいえばそこには、創作の嬉しさがある。そんなあれこれを貪欲に享受しながら毎日の晩酌を楽しみたいという、意地汚い酒飲みであるということなんでしょうね。僕が。

なので日々、「こんな新しいおつまみ、どうだろ？」なんて

ことばっかり考え、実験し、一喜一憂しているわけなんですが、そういうことをくりかえしていると、ある日突然嬉しいごほうびをもらえることがありますね。晩酌クッキングの神様から。つまり、「まだ誰も思いついていなかった絶品おつまみの発見」という大きなごほうびを。あの瞬間の天にも昇る恍惚！　一生やめられるはずもありません。

本書『晩酌わくわく！　アイデアレシピ』は、そんな僕がこれまでに考えたアイデアレシピをたっぷり収録し、ついでに奮闘の様子も記録したものです。「美味しいからぜひ作ってみてね」はもちろん、読んでくれた方が「僕も（私も）なんか考えてみっか」と思ってくれたら、もっと嬉しい。そうやってみんなで力を合わせ、晩酌文化がより豊かなものになっていったら、ほら、ちょっといいじゃないですか。

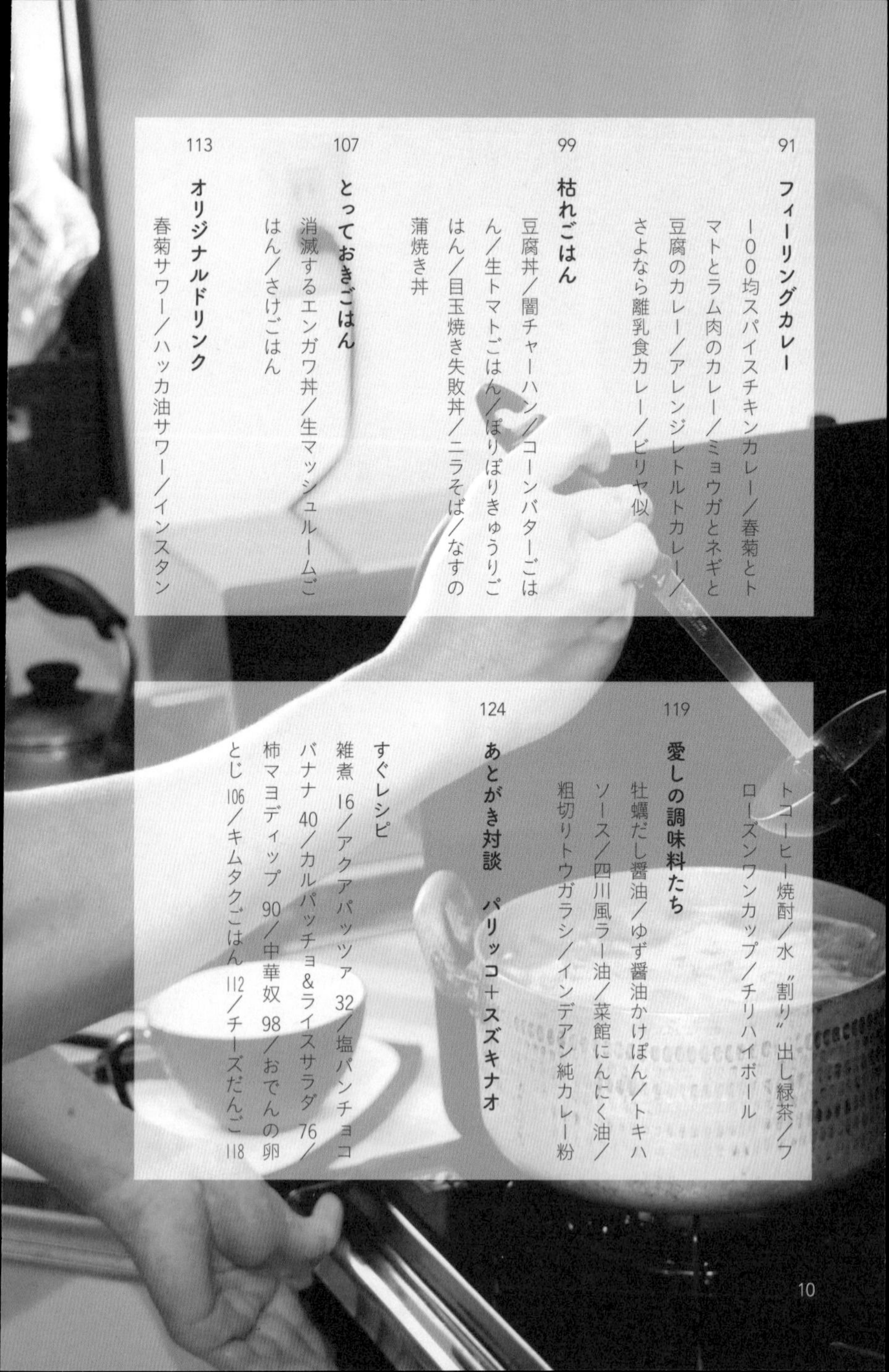

パリッコの定番レシピ

肉豆腐

晩酌クッキングを趣味にしていると、時として「これは大発明だ！」と小躍りするほど美味しいものを偶然見つけたり、根気強く味を調整しながら好みの味に近づけたりして、自分のなかの定番になってゆくものがあります。まずはそんなレシピをいくつか。

僕が酒場のメニューでもっとも好きなのが「肉豆腐」。これを理想の味にするまでは時間がかかりましたね。ポイントは、砂糖：みりん：酒：醤油：水の割合で、それを1：1：1：2：7にすること。薄切りの豚ばら肉と斜め切りにした長ネギを炒め、上記を合わせた汁を加え、大きめに切った木綿豆腐を煮込む。これが現在時点での僕のベストレシピ。あとは好きにアレンジしてください。

黄金比たぬき薬味

●これまた僕の好物「たぬき豆腐」も店によってタイプはさまざまですが、上に乗せる「たぬき薬味」の最高峰は、揚げ玉、塩昆布、刻んだ大葉およそ同量ずつに、めんつゆとごま油をほんの少し足して混ぜたこれ！

ちくわの磯辺あえ

●ちくわって、磯辺揚げにすると魅力が10倍になりますよね。荒く切ったちくわに、マヨネーズ、揚げ玉、青のりをあえれば、揚げずにお手軽磯辺揚げ風。10とは言わないまでも、素より7倍はうまい。

キムチの天ぷら

●とある酒場のお姉さんが発明したメニューで、初めて食べた時、今までキムチの天ぷらが定番じゃなかったことを不思議に感じたほど。ぎゅっと水気を絞ったキムチを市販の天ぷら粉の指示どおりに揚げてください。

冷やし豚キムチ

●子供の頃、母親がＴＶで見て覚えただかでよく食卓に出ていたのが、大葉１枚にゆでて冷ました豚ばら肉、キムチ、大根おろしを乗せ、醤油をかけて食べるというメニュー。それを雑に再現したもの。

トムヤムきのこ

●お湯に溶くだけでトムヤムクンスープができてしまう「トムヤムペースト」は、実は調味料としても優秀。数種のきのこを炒めてトムヤムペーストとナンプラー少々をあえるだけで、タイ料理風の一品に。

究極の目玉焼き

●フライパンに油を熱し、そっと生卵を入れてフタをし、弱火で好みの加減になるまで焼く。ただし、生卵はまずザルに割り入れ、白身の水っぽい部分を切ってから焼いてください。ポイントはそれだけ！

今日はもうな〜んにもする気力がない…

おモチがとろっとする目安は、600wで１分半♪

という日のための、お手軽！瞬間！すぐレシピ！

酒蒸し法

平成最後のキッチン革命「酒蒸し法」

　以前、ふらりと入ったとある場末酒場の壁に、「鶏の酒蒸し」なるメニューを見つけました。「あれ？　酒蒸しってアサリ以外でやってもいいんだっけ？」と興味を持ち、もちろん気になるので頼んでみることに。

　数分後に届いたのは、見た目はバンバンジーのタレなしバージョンという感じの、そっけない蒸し鶏。ところがこれを一口食べてみて衝撃を受けました。シンプルに、ものすご〜く美味しい！　たぶん味付けは塩味のみなんですが、鶏の旨味が異常に濃い。思わず女将さんに、「これ、美味しいですね。どこかのブランド鶏ですか？」と聞くと「ううん、普通にスーパーで買ってきた鶏よ」とのこと。え？　じゃあこのうまさの秘密は「酒蒸し」のほうにある？

　家に帰ってさっそく再現しようとしたわけですが、鶏の酒蒸

しなんてこれまでに作ったことがありません。まぁいいや、ダメもとで1回やってみよう。とにかく酒で蒸せばいいんだろう、という単純な考えから、

鶏もも肉の表面にまんべんなく塩をふる。↓フライパンに乗せ、肉が6分めくらいまで浸るほどの日本酒を注ぐ。↓フタをして中火で煮込む。↓水位が半分くらいになったら肉をひっくり返す。↓水気がおよそなくなったら完成！　のはず。

という手順でやってみたところ、これが笑っちゃうくらいに大成功！　スーパーのお手頃な鶏肉と安パック酒と塩だけで調理したとは思えない、とんでもない旨味と柔らかさ！　その後、食材やお酒を変えてみたり、調味料を加えてみたりと実験をくりかえすほどにその可能性は広がるばかりで、どうやら僕、とんでもない世界の扉をうっかり開けてしまったようなんです……。

鶏の酒蒸し

●基本的な作りかたは前ページのとおり。
日本酒を料理に使う際の食材に対する効果には、「柔らかくする」「くさみを消す」「コクや旨味を加える」「味を染みこみやすくする」などがあるそうで、それらすべてをいいとこどりできるのが、お酒で食材を蒸し焼きにする酒蒸し法なのかもしれません。

安い肉でもふわっと柔らかくなり、上品で濃厚な旨味が凝縮され、とにかく美味しい～！

鶏の照り焼き

●酒蒸しのもっともお手軽な応用編が「照り焼き」。作りかたはほとんど同じなのですが、最後のほう、フライパンのなかにまだ1mmくらいの水気が残っている段階で、だし醤油やめんつゆなどを適量加えます。それが残ったお酒と混ざって勝手に照り焼きのたれとなり、全体に絡めつつ焼き上げれば、まるで魔法のように目の前に鶏の照り焼きが出現。

酒蒸し法は、火加減の違いだけでも驚くほど変わる！

酒蒸し法の基本は最初から最後まで中火。ところがこれを強火や弱火に変えてみるだけで、驚くほど仕上がりに差が出るんです！それでは実際に蒸し比べてみましょう。

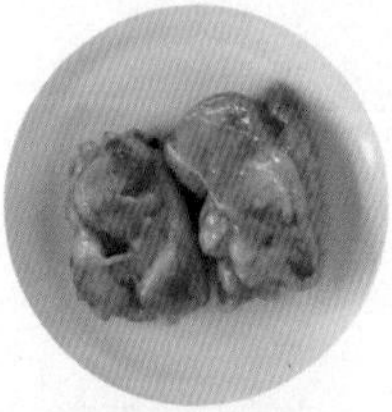

強火〈かかった時間 5:00〉
基本の中火に比べ、肉にぷりぷりと弾力がありますね。それから、火力のせいでどうしてもフライパンの周囲が焦げることにより、ちょっと照り焼きっぽい見た目になってます。全体的にちょっと荒々しいと言うか、若い味に感じる。いや、じゅうぶん美味しいんですけども。

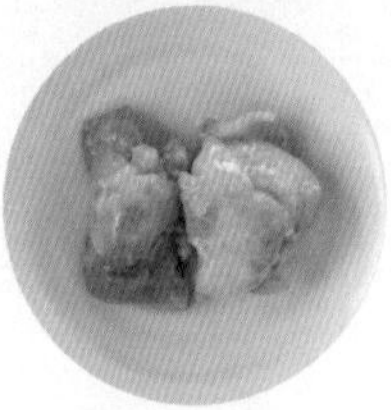

中火〈かかった時間 6:40〉
やっぱり旨味がぐっと持ち上がっていて、あきらかに強火のときと違う。食感も、ふわふわとぷりぷりのいいとこどりというか、ちょうどよく絶妙です。安定感のある味。

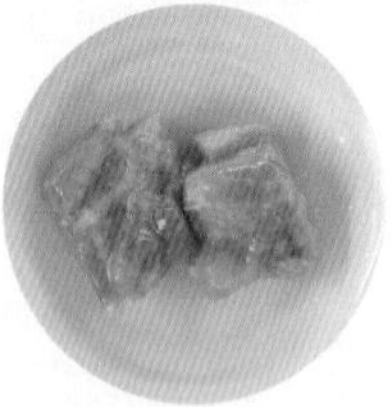

弱火〈かかった時間 20:00〉
実はこれが別次元！　中火から、ただ火加減を変えただけで、こんなにも飛躍するのびしろがあったのかっていう衝撃です。旨味のなかになぜか麹のような深みが感じられるし、食感は柔らかいを通り越して、とろっとろ。もはや家庭料理の域を超えた、高級料亭の味。時間をかけただけある、官能的なまでの美味しさです。

結論。酒蒸し法の基本は中火。だけど、ちょっと時間に余裕のあるときは、弱火でじっくり蒸して、いつもと違う贅沢な味わいを堪能してみては？

検証！ 日本酒以外に食材を美味しくする酒は？

気になりますよね？　そりゃあ。はい、やりましょう。とはいえ世の中には無数のお酒があり、それをかたっぱしから試していくのは時間がかかりすぎます。そこで今回は、コンビニやスーパーでも比較的手に入りやすい10種類のお酒で試してみることに。

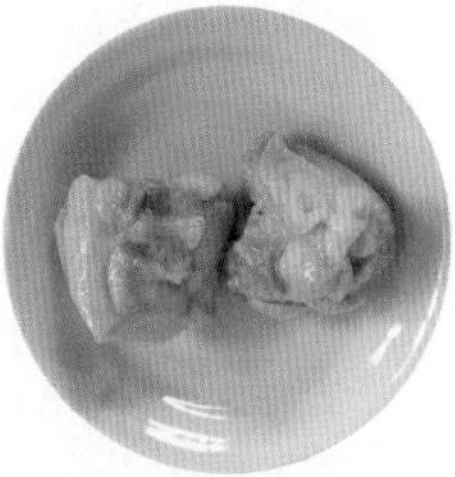

大吟醸酒　やっぱり酒蒸しはうまい！　ただ、これまでに何度も作ってきた安酒を使った酒蒸しも、同じくらい美味しかった気がする。わざわざいいお酒を使う意味は、あんまりないのかもしれないなー。

おすすめ度　★★★★☆

甲類焼酎　実は焼酎、日本酒以上に肉が柔らかくなるんです。極端な話、肉を乗せた皿をゆするとプリンのようにぷるぷる揺れる。一度体験してみてほしい物珍しさ。ただ、旨味自体は鶏のままというか、かなりあっさりしてる。日本酒のような味のブースト感はありません。

おすすめ度　★★★☆☆

芋焼酎　食感はやっぱりふわっふわ。甲類焼酎と比べてほのかな芋くささもきちんとアクセントになっています。けど、クセは強いので、人によって好き嫌いがはっきりしそう。となると、もしかして、酒蒸しには「米焼酎」が最適って可能性ある？

おすすめ度　★★★☆☆

検証！ 日本酒以外に食材を美味しくする酒は？

米焼酎　もちろんめちゃくちゃ柔らかいし、米っぽい旨味もある気がする。あと、鶏本来の旨味をすごくしっかりと感じる。じゃあ日本酒と比べてどうだ？……正直、もうあんまり厳密な差がわからなくなってきました。とにかく、うまい！　安いパックの日本酒よりは高級品なのがネックでしょうか。

おすすめ度　★★★☆☆

ビール　肉をビールで煮込むカルチャーってあった気がするので期待したのですが、意外にも、そこまでグンと柔らかさが増すって感じはありませんでした。そして、コクがあって大人好みの味だとは思うんですが、はっきりと苦い。あまり酒蒸し向きではないお酒な気がするな。ビールは。

おすすめ度　★★☆☆☆

缶チューハイ　缶チューハイも試しにと、「ストロングゼロ ドライ」で。甘味料が煮詰まって焦げたせいか、見た目はこれまででいちばん美味しそうなんですが、あれ？ 肉が柔らかくない。むしろちょっと硬い。で、やっぱりどこか科学的な香りや、後味に妙なすっぱさを感じます。レモンをかけたから揚げを思いだせば食べられないこともないけど、またやることはないかなぁ……。

おすすめ度　★☆☆☆☆

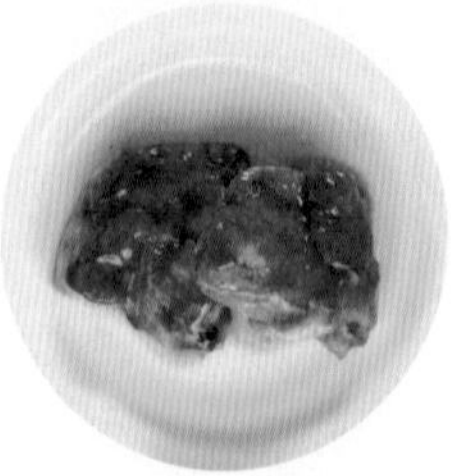

紹興酒　香ばしくて、味に深みがあって、紹興酒の香りが大人っぽいアクセントになっています。ご飯がもりもりすすむというよりは、お酒のつまみ方面の味。うまい！　ただこれは、酒蒸しっていうかもはや、「紹興酒蒸し」という料理ですね。

おすすめ度　★★★★☆

検証！ 日本酒以外に食材を美味しくする酒は？

赤ワイン　ものすご〜く不穏な色にとまどったのですが、手のこんだ料理のようなとてもいい香りがします。肉は柔らかく、適度な甘酸っぱさがあり、主張しすぎない程度に良いブドウの香りがする。若干のタンニン由来の渋みのようなものは好き嫌いがわかれるポイントになりそうですが、僕は好き。美味しい！

おすすめ度　★★★★☆

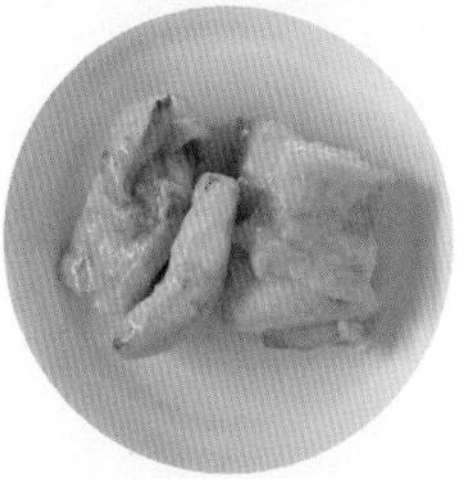

白ワイン　肉はかなり柔らかくなりますね。そして鶏の旨味がきちんと引き出されている。ここまでは普通の酒蒸しと同じですが、白ワインの、お酢とはまた違った爽やかな酸味がとてもいいアクセント。赤ワインよりさらにほんの少しだけ好きかも。

おすすめ度　★★★★☆

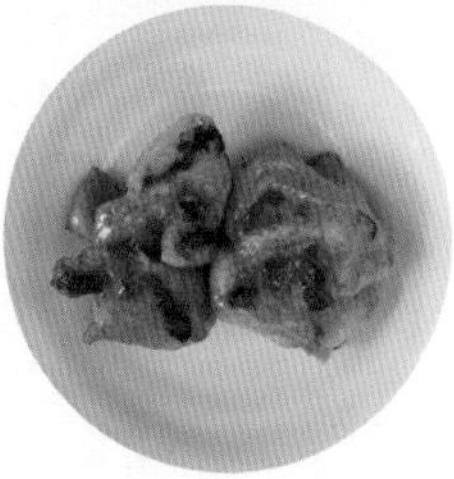

ウイスキー　お手頃でありながらスモーキーな風味がきちんとあるブレンデッド「ティーチャーズ」を使ってみました。するとこれが、う、う、うまいー!!　ほんのりとした穀物の香りとスモーキーさがたまらない。そして、その香りのその余韻が長い。すごく酒くさいかというと、ぜんぜんそんなことない。これも好き嫌いはわかれるのかもしれませんが、僕は好きすぎました。必ずまた作る。

おすすめ度　★★★★★

結論。オーソドックス＆オールマイティーなのは、やっぱり普通の酒蒸し。個人的なヒットは「鶏のウイスキー蒸し」！

牛肉の酒蒸し

●アメリカ産の安いステーキ肉を酒蒸しにしてみたところ、全体がびっくりするくらい柔らかく、繊維に沿ってホロホロと崩れていくような食感。ちょっと安い牛肉観が変わってしまう、新しい美味しさ。

豚肉の酒蒸し

●これまたお安い豚ばら肉のブロックを、厚めにカットして酒蒸しに。肉の味が濃く、柔らかいけれども適度な弾力。豚肉好きを代表して言わせてもらえば、豚の旨味がダイレクトに味わえて最高ですねこれは！

魚を蒸す

サンマの酒蒸し 塩焼き風

●サンマの塩焼きって最高に美味しいけど、グリルで焼くのはひと手間じゃないですか？　ところがなんと酒蒸し法なら、焼き魚（風）までできてしまう。水気が飛んでから少し待てば、焦げ目もばっちり。

マグロのアラの酒蒸し ステーキ風

●安くて栄養満点だけど、血合いのにおいがちょっと気になるマグロのアラ。酒蒸し法ならくさみを飛ばしつつふっくらジューシー。仕上げにステーキソースを絡めれば、ごはんもお酒もすすみすぎ！

白菜と長ねぎの酒蒸し

●ちょっと物足りないかとおもいきや、お酒が野菜本来の甘みを引き立て、これがしみじみとうまい。肉や豆腐を加えればそりゃあより美味しいけど、たまにはじっくり野菜の滋味を味わうのもいいもんです。

ブロッコリーと
カリフラワーの酒蒸し

●シャキシャキとしたブロッコリーと、ホクホクとしたカリフラワー。似ているようでちょっと違う、そしてどちらもとびきり美味しいモコモコ系野菜2種の旨味を、酒蒸しで持ち上げて食べ比べ。

なすの酒びたし

●なすを縦半分に切り、皮目に切り込みを入れます。次に、フライパンにごま油をひいてナスの皮目を炒めます。そこに、千切りにしたしょうが、6分めほどの酒、かけつゆ程度の濃度になるくらいのめんつゆを足して酒蒸しに。
できたてもいいですが、粗熱をとってから冷蔵庫で冷やしておくと、味がなじんでさらに絶品！　抵抗がなければ、ヘタも一緒に蒸して食べてしまいましょう。

極太きんぴら

●前に浅草ホッピー通りの「鈴芳」で食べたきんぴらが極太で美味しく、ああいうきんぴらを家でも作ってみたいと思いました。となれば酒蒸し法だ！　太めに切ったごぼうとにんじんに、6分めより多めの、全体が浸るくらいの酒を注ぐ。そこにめんつゆをかけつゆ程度の濃度になるくらい足して中火にかけ、およそ水気がなくなればOK。

肉じゃが

●食材を豚肉、じゃがいもなどに変えるだけで、作りかたは極太きんぴらと同じ。ただし、汁気は完全に飛ばしきらないほうがジューシーでしょう。豚肉の旨味とじゃがいもの甘みのハーモニーに癒される！

鶏のマスタードクリームソース

●妻が突然「久しぶりに『鶏のマスタードクリームソース』が食べたいなぁ」と言うので「何それ？」と聞くと、要するに「マスタード」と「生クリーム」を混ぜたソースで味をつけたチキンソテーのようなものらしい。そこで酒蒸し法を応用し、最後に水気が飛びきる前にそれらふたつをたっぷりと加えて絡めてみたところ……ここ、レストラン？

今日はもうな～んにもする気力がない…

という日のための、お手軽！瞬間！すぐレシピ！

酒蒸し法のアレンジバージョン♪

しょっパフェ

グラスというキャンバスに自由におつまみを盛りつける「しょっパフェ」の世界

とかくマンネリ化しがちな晩酌に変化を求めるには、メニューの多様化の他に「気分を変える」という方向性もあります。天気が良ければベランダに出てみる。冷凍庫でビールジョッキを凍らせておいてみる。照明を落とし、キャンドルをひとつ灯してみる。そんなちょっとした工夫が非日常感を演出し、食べ慣れた料理やお酒も、なんだか特別に感じたりするもの。

　あるとき、ふと気まぐれに思いました。最近ハマってよくつまみにしているイカの塩辛。毎日同じ小皿に盛って食べているけど、なぜか食器棚にある小さなパフェグラス、あれに盛りつけてみるのはどうだろう？　と。これが抜群だった。まずはグラスに大葉を2枚ほどあしらい、その上になるべくきれいな山

になるよう塩辛を乗せる。そうだ、確か冷凍しておいた柚子の皮があったはず！　と突然思いだし、細切りにしたそれも乗せる。昨日と同じ塩辛のはずがなんだかとっても貴重なものに思え、その日の晩酌はなんだかずっとワクワクしっぱなしだったんですよね。

　これはおもしろいぞと感じた僕は、グラスに好きなおつまみを自由に盛りつけるスタイルに名前をつけようと考えました。おつまみ、しょっぱいもの、しょっぱいパフェ……「しょっパフェ」！　これをとあるＷＥＢサイトに記事として発表してみたところ、まさかの「ＳＮＳ映えする」という理由から、若い女性を中心に、インスタグラムなどに多数の投稿が。その後、雑誌やＴＶで紹介されたり、おしゃれなカフェのメニューとして導入されたりしているのを目にし、「きっかけは塩辛なんだけどな」となんだか痛快な気分になって、またお酒が進むのでした。

ポテサラといろいろおつまみのパフェ

●しょっパフェの基本は、好きなおつまみを“映え”を意識してグラスに盛りつけるだけ。例えば、居酒屋の定番、ポテサラ。これなんか、パフェの上に乗ってるアイスクリームそのものですよね？（薄目で見れば）そこに、ミートボールやスナック菓子、赤いアクセントのプチトマトも乗せてみました。

刺盛りパフェ

●色味がきれいでしょっパフェ向きなのがお刺身類。スーパーのパックからグラスに盛りなおすだけで、小粋な一品の完成。懐に余裕があれば、イクラを乗せてラグジュアリー感をプラスしたいところ。

ジャンクアメリカンパフェ

●ジャンクでアメリカンなフードを欲望にまかせてむさぼりながら、コークハイを飲みたい夜もある。そんなときも、かわいいグラスを使ってみるだけで、ほんのちょっとだけ罪悪感が……すいません、薄れませんね。

とんかつ弁当パフェ

●精肉店のとんかつ弁当を解体し、高さを意識してカクテルグラスに盛りつけました。ポイントは、まず白いご飯で土台を作ること。最後に味のりでデコレーションすれば、一気に華やかな雰囲気に。

たぬきそばパフェ　すりきりスタイル

●京都発祥の、グラスの上をすりきるスタイルのパフェが流行中。流行には素直に乗るべし！　と、たぬきそばをグラスに盛ってすりごまでフタをし、最後にナイフの背で上面をすりきってみました。食べづらい！

豆腐と明太子のいちごケーキ風パフェ

●しょっパフェを美しく見せるためのポイントのひとつが、「断面の層を意識する」こと。それを利用し、いちごケーキ風のパフェができないかと考えました。白い部分は崩した豆腐で、プラス、揚げ玉、ほぐした明太子、明太マヨネーズ。作ってみたら、想像以上にメルヘンな仕上がりに！

今日はもうな〜んにもする気力がない…

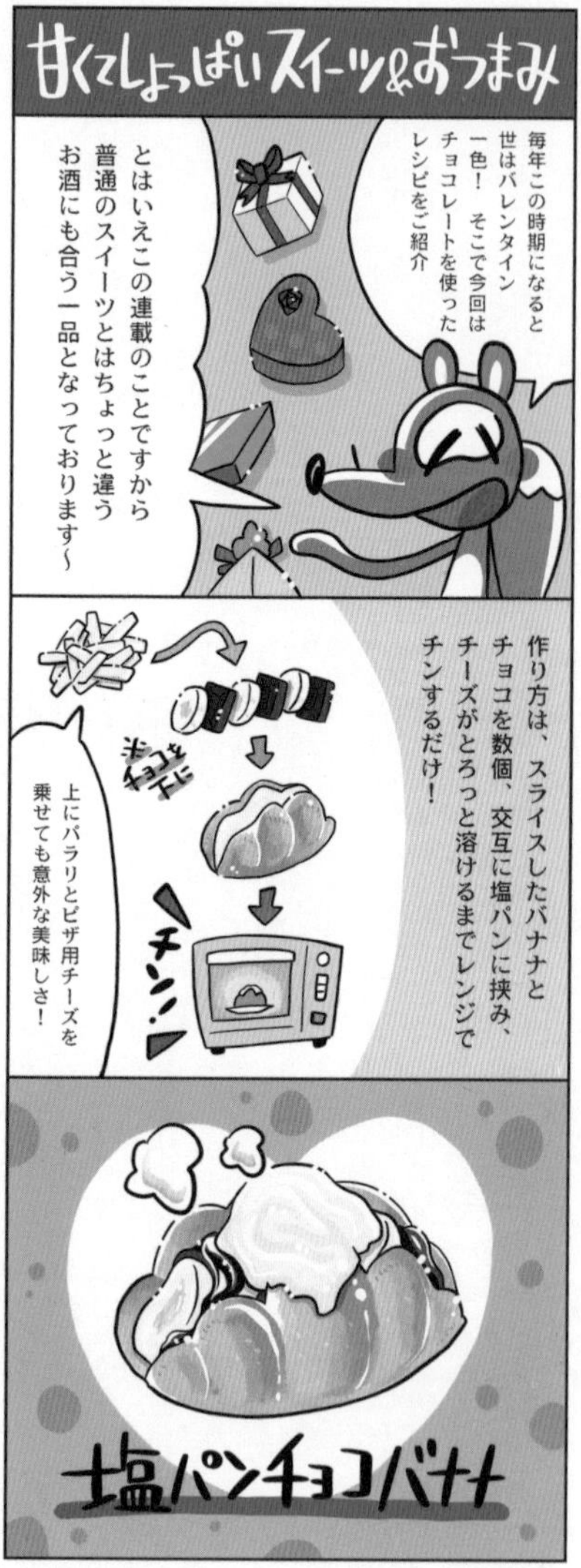

という日のための、お手軽！瞬間！すぐレシピ！

チョコとバナナでお酒がすすむ!?

実験レシピ

実験レシピ

ある日、「アボカドの種をくりぬいた穴に海苔の佃煮を入れて食べると美味しい」というレシピ記事を目にしました。なるほど確かにうまそうだ。けれどもその、いかにもあれこれ詰めやすそうな穴。他の食材も詰め比べてみたら、もっといい組み合わせが見つかるんじゃないだろうか？　そこで、海苔の佃煮、わさび漬け、なめたけ、食べるラー油、カレー、すじこ、粒うに……勢い余って34種類で実験してみたところ、個人的第1位は驚きの……。

ここまでくると好奇心というよりもただの変態という感じですが、そんな実験の末、思いもよらぬレシピが誕生することは少なくなく、それは僕の晩酌クッキングにおける大いなる喜びなのでした。

アボカドの穴、何を詰めるのが正解か？

右ページにも書いたとおり、以前、ひたすらアボカドの穴に様々な食材を詰め比べてみるという実験を行いました。その結果、個人的第3位は「トムヤムペースト」！　第2位「タバスコマヨネーズ」！　第1位は、まさかまさかの「バニラアイス」！　という結果に。バニラアイスを詰めたのは、本当にほんの出来心。最後の最後で、「そういえば甘いものもひとつくらいは」と試してみたらびっくり。100円そこそこのアイスが、少なくとも5倍の値段に感じられるほどリッチな味わいに。こういう予想もしなかった発見、僕は、ひたすら探究を続けているとまれに晩酌の神様からもらえるプレゼントだと信じています。

アボカド×バニラアイス

●アボカドの穴にバニラアイスを詰めるだけの簡単デザートですが、ウイスキーなどとの相性もいいです。アボカドはよく熟したものでないと、ちょっと青くささが気になるかも。はちみつをかけても◎。

アボカド×タバスコマヨネーズ

●たっぷりのマヨネーズにたっぷりのタバスコをふってよく混ぜた「タバマヨソース」。何にでも合って、例えばカツオの刺身なんかをこれであえても美味しいです。もちろんアボカドにもばっちり！

アボカド×トムヤムペースト

●輸入食品店などで手に入る、お湯に溶くだけでトムヤムクンスープができるトムヤムペースト。実はそのままソースとしても、意外と使えるんですよね。パクチーを添えれば、もはやタイの一品料理。

アボカド×卵黄醤油漬け

●ちょっと手間がかかるという理由でベスト3に入らなかったんですが、卵黄を一晩だし醤油かめんつゆに漬けておくだけの、卵黄の醤油漬け。まったり濃厚でアボカドとの相性は官能的。

うなぎ風アボカド丼

●実験中、アボカドをうなぎのタレで食べてみたところ、これ、ご飯と合わせるべきなのでは？　と思いつき、誕生したメニュー。2〜3センチ角に切ったアボカドをご飯に乗せ、うなぎのタレと山椒をたっぷり。卵黄をつぶし、よ〜く混ぜて食べましょう。お好みでバターを加えても。

ミンチにしないひき肉料理

ワンタンが大好物です。ある日、「今夜は家でワンタンパーティーだな」という気分になり、スーパーへ。ワンタンの皮を買い、精肉売場へ向かう。すると、目玉商品の豚ばら肉がものすごくお買い得です。そこで、ひき肉じゃなくてこっちを買って、家でフードプロセッサーでミンチにしたほうがかしこいんじゃないの？　あれ？　そもそも、ワンタンの中身って、ミンチにする必要あるのかな？　そう思って試してみたところ、ぜ〜んぜんなんの問題もないどころか、むしろこっちのほうが、肉々さを心ゆくまで楽しめて好みだったのでした。普通ならひき肉を使う料理あれこれ、ミンチにしない肉で作ってみると、手軽なうえに、けっこう楽しいですよ。

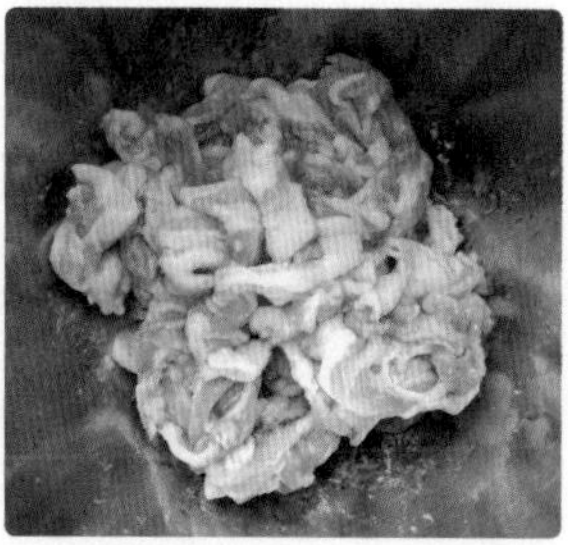

●豚のコマ切れ肉に、全体がしっとりするくらいの量の酒と醤油を1：1で加え、よくもむ。これがこの章のすべてのレシピの基本。

ミンチにしないワンタン

●酒と醤油をもみこんだ豚肉をワンタンの皮にひときれずつ乗せ、皮のふちを水で湿らせて、てきとうにぐしゃっと包む。それを鍋に沸かした熱湯にぽちゃぽちゃとほうりこみ、火が通ったらスープに味つけ。豚肉からお湯に旨味が溶けだしているので、塩コショウや醤油を足すくらいでじゅうぶん。

ミンチにしないシュウマイ

●シュウマイの皮に、それっぽい形になるよう肉を包む。レタスなどの葉物野菜を敷いた皿の上にそれぞれがくっつかないように並べ、全体がほんのり湿るくらいの水をふりかけ、ふんわりとラップをしてレンジで加熱（５００Ｗ５分）。

ミンチにしない小枝餃子

●水でぬらしたワンタンの皮に細長く成形した肉を乗せ、くるくると棒状に巻いて、焦げ目がつくまでフライパンで焼く。チューブしょうがやにんにくを足したり、細切りにした野菜やチーズなどを一緒に巻いても。

炊き込みごはんをもっと自由に

カレーライスには真っ赤な福神漬けを、ぜひたっぷりと添えてほしいタイプの人間です。食べ進めて後半にさしかかり、福神漬けを全体に散らして味変を楽しむ幸せこそ、カレー最大の喜び。ある日ふと、福神漬けをあらかじめごはんに炊き込んでしまったらどうなるんだろう？　と思いつきました。さっそく実際にやってみると、予想以上に真っ赤に染まったごはんにほんのりと風味がつき、何より見た目が楽しい！

それから炊き込みごはんにハマり、たまに気が向くとあれこれ炊き込んでみています。炊飯器にいつもどおりお米をセットし、そこに一緒に炊きたい食材を入れるだけで、ほとんど失敗することもなく、それでいて満足度が高いのが最高。

あたりめいか飯

●いくつか検証したところによると、乾き物の炊き込みごはんはたいてい美味しくできます。もとはカッチカチのイカの「あたりめ」。これも、1～2合のお米に、小分けで売られているものをひと袋ポイと放り込んでおけば、まさかのぷりっぷり食感に戻って、絶品いか飯が勝手に完成。

福神漬け炊き込みごはんのカレー

●炊飯器に水と米を普段どおりにセットし、福神漬けを好きなだけ乗せ、赤い漬け汁もおまじない程度に少し加えて炊く。福神漬けの食感も適度に残り、ほんのり甘くてカレーによく合う、真っ赤なご飯に。

紅しょうが炊き込みごはんの牛丼

●福神漬けと同じように紅しょうがを炊いてみると、こんどはほんのりピンクな可愛らしい炊き込みごはんに。程よい酸味と甘みでそのままでも美味しいですが、牛丼風に煮た牛肉と玉ネギを添えればごちそうに。

「羽つき○○」をあれこれ試していたら新しいピザが生まれた話

冷凍の餃子を焼いていたある夜、パッケージ説明の「ここで水を加えて蒸し焼きに」という工程で、なんとなく、その水に少しの小麦粉を溶いて加えてみたところ、いともあっさりと、パリパリの「羽つき餃子」ができてしまいました。勝手に高度な技術が必要と思っていた餃子の羽だけど、意外と簡単に作れるものだったんだな、と知り、餃子以外にもいろんなものを「羽つき」にしてやれ！　と、あれこれ試行錯誤してみると、これが楽しい楽しい。

やがて、もはや「羽つき○○」ですらない単体の「羽」まで自由に作れるようになった僕。そこからさらに発展して誕生したのは、お酒のつまみとしては100点満点の「羽ピザ」でした。

●羽作りに必要な「羽のもと」は、小麦粉を溶いた水。小麦粉と水の割合は10：1が目安で、50ml：5gでちょうど羽1枚ぶんくらいになります。それをフライパンに注いでフタをし、まずは食材を蒸し焼きに。水気がなくなってきたらゴマ油を回しかけて揚げ焼きにするイメージ。焦げつきにくいフライパンを使いましょう。

羽つきちくわ

●ちくわを磯辺揚げにすると、おつまみとしてのポテンシャルが格段にアップするのはみなさんご存知のとおり。となれば、衣と同じ「小麦粉と油」が素材である「羽」との相性は間違いなし！

フライパンでちくわをから煎りして焦げ目がついたら、前ページの「羽のもと」を投入してフタをする。水気がなくなってきたらゴマ油を回しかけて少し待ち、羽の周囲が勝手に浮きあがりだしたら完成。フライパンを揺すればスルッとはがれます。

羽つき牡蠣バター

●牡蠣の表面に小麦粉をまとわせてバター醤油で焼いただけの「牡蠣バター」をよく作ります。それを羽つきにしてみたら、これまた満足度がアップ。バターを多めに使い、そこに羽のもとを注げば、仕上げのゴマ油は不要でした。

羽

●熱したフライパンに羽のもとを注ぎ、水気が飛んだらゴマ油を回しかけるだけ。もはや実体すらもない、オンリー「羽」。塩をふって食べてみると、究極に軽いおせんべいという感じで、けっこういけます。

桜えびの羽せんべい

●上記の「羽」を作っている途中、思いたって乾物の桜えびをたっぷりと散らしてみたところ、こんなに豪華なえびせんが簡単に。「○○の羽せんべい」、具材をあれこれ試してみるのも楽しいですよ。

しらすの羽ピザ

●そして今回の実験の集大成となったのが、こちらの「羽ピザ」具材は生ものでなければなんでもいいんですが、前ページの羽せんべいを作る要領で、合わせてたっぷりのチーズを乗せるだけ。家にある食材で気軽に作れて、お腹にたまりすぎないピザ。これぞ理想の酒のおつまみ！

食の流行をお手軽再現「サーフ＆ターフ＆チープ」

見るからにとろけそうな美しいサシの入った牛肉をくるくるっと巻いて、そこにウニが乗せてあるような料理。グルメ情報サイトの記事や、ＴＶ、雑誌なんかで、近年よく目にするようになりましたよね。ああいった、魚介類と肉類を合わせた料理には「サーフ＆ターフ」というジャンル名があるそうです。サーフ＝海、ターフ＝牧草地、というわけで。

この、高級料理のイメージのあるサーフ＆ターフを、もっと身近な食材で作れないか？　お手軽に手に入る組み合わせにも、実は超美味しいサーフ＆ターフがあるんじゃないか？　そんなことを思いつき、魚介系食材5種類×肉系6種類、計30パターンの組み合わせを検証してみました。

検証に使った食材は、「漬け甘海老」「漬けマグロ」「タラコ」「イカの塩辛」「カニミソ」「豚バラ塩焼き」「生ハム」「シュウマイ」「焼鳥」「サラミ」。

すべてを実食してみた所感としては、まず、サラミは基本的に頑固で、誰とも混ざろうとしません。逆に、さっと塩焼きにした豚バラ肉の受け皿は大きい。なかでも特に美味しかったのが、「塩辛×豚バラ」の組み合わせ。相乗効果というか科学変化というか、そういうものがきちんと生じ、どちらの食材にもなかった、どこかチーズを思わせるような深みが不思議で、かけ合せる意味を感じました。

また、盲点だったのが、「カニミソ×シュウマイ」！こんな単純なことなんですが、シュウマイが、カニの風味濃厚なカニシュウマイ〝風〟になるんですよね。

全30種のなかで僕がもっとも気に入った組み合わせは、次ページで発表！

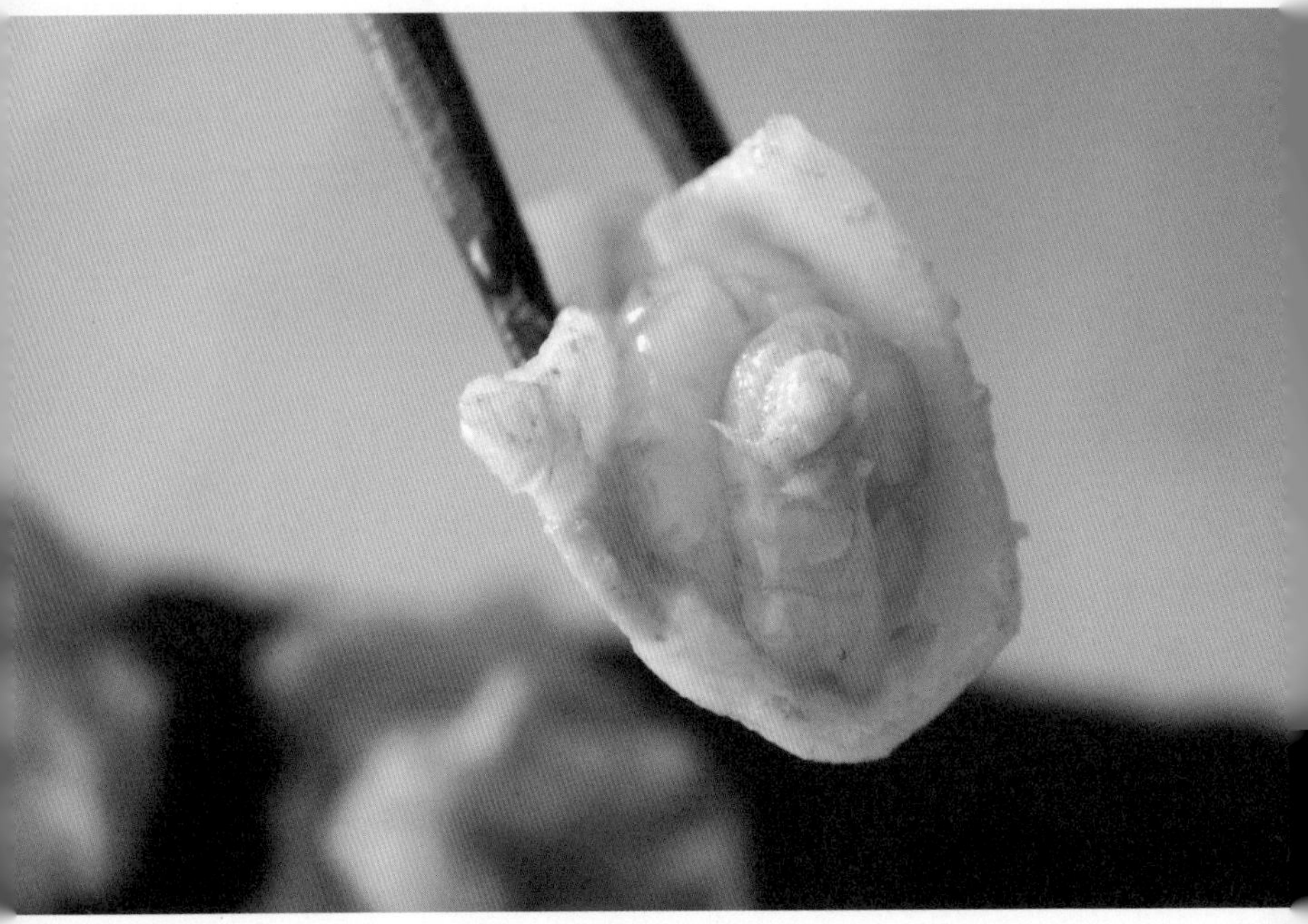

漬け甘えびの豚バラ巻き

●僕の大好きな豚肉の甘みと旨味。それが、とろりととろける漬け甘海老の甘さとハーモニーを奏で、官能的な美味しさ。どちらも特別高価な食材ではないけれど、なんだかものすご〜く高級な料理をいただいている気分になれます。お嫌いでなければ、豚肉は脂身が多めのものを選ぶのがいいでしょう。

#「皮だけおでん」を作ってみて得た気づき

家でおでんを作ろうと大根を桂剥きしているとき、いつも思います。「この皮、捨てるのもったいないな」と。そこで先日、ふと思い立って、大根と一緒に皮のほうも鍋にほうりこんでおいたんですね。そしたらなんと、味が濃くて、食感もおもしろくて、もはや本体よりうまかった！

こうなったら、大根に限らずいろんな皮だけでおでんを作ってみたらどうだろう？　と生まれたのが「皮だけおでん」。これはまぁ、一度作ればじゅうぶんなネタ的なレシピなのですが、その実験による副産物的大発見がありました。それが「鶏皮からはものすごくだしが出る」というもの。それ以来、我が家のおでんは「鶏皮だし」ベースで定番化しました。

こんなに美味しかったなんて！

皮だけおでん

白だしは、ミツカンの「白だし 地鶏昆布」がおすすめ！

●具材は、大根の皮、鶏皮、ワンタンの皮、肉まんの皮（買ってきて剥いた）、あぶらあげ（巾着の皮）、ピータン（漢字で書くと〝皮蛋〟なので）。それらを煮て、白だしで味を整えるだけ。

我が家の定番 鶏皮だしのおでん

●皮だけおでんを作って以降、我が家のおでんの定番となったレシピ。具材は好きなものでいいんですが、大きめの鍋に対し鶏皮を最低2枚くらいは入れましょう。味つけは加減を見ながら白だしで。

「モチポタスープ」でなんでも特濃に

お餅ってつい余らせがちですよね？　お正月に雑煮用に買って食べ、残ったぶんがずっと冷蔵庫で眠っていたりする。そこである日、薄切りにして鍋に入れ、モチしゃぶ風に食べてやろうと思ったんです。ところがあれ、のんびりしてるとすぐに溶けてなくなっちゃうんでしょうね。そのせいで、やがて鍋のスープが特濃とんこつラーメンみたいにどろどろになってしまった。

あれ？　ということは待てよ、インスタントの豚骨ラーメンを作るときにモチを加えれば、本場ドロドロ特濃系の仕上がりになるんじゃないか？　もちろん、味は変わらないだろうけど、気分だけでも。そんな実験をあれこれやって、誕生したレシピをいくつか。

こんな感じに切っておくと溶けやすいです。

モチポタとんこつラーメン

●袋麺でも生麺でもいいので、市販のとんこつラーメンを指示通りに作ります。その際、角モチ1/2個ぶんを1cm角くらいのサイコロ状に切り（そうすると溶けやすいので）、スープを作っている鍋に早めの段階で入れておくだけ。気づけばいつものスープが、どろどろ濃厚系の見た目になっているはずですよ。あくまで見た目、気分だけだけど！

モチポタホワイトシチュー

●モチポタ理論を使えば「ホワイトシチュー」もいちから作れそうな気がして、鍋で牛乳に、コンソメ、バター、鶏肉、野菜を加えて煮てみました。そこに角モチを投入してみると……シチューになった！

目安は、シチュー大皿1杯ぶんに対し、角モチ1/2個。

モチポタグラタン

●翌日、残って煮詰まったシチューを耐熱皿に入れ、ピザ用チーズをのせてオーブンで焼いてみたところ、こんどは見事にグラタンになりました！ グラタンって、こんなに簡単に作れるもんなんですね……。

ゆでたマカロニを加えたり、下にごはんを敷いてドリアにするのもおすすめ。

意外と簡単！ ルーを使わないホワイトシチュー＆応用編

ところで実は、ホワイトシチューって、市販のルーや「モチポタ」を使わなくても、意外なほど簡単に作れてしまうんです。まず、野菜や肉などの好きな具材を大きめのフライパンで炒める。ざっくりと火が通ったら一度火を止め、カレースプーン3杯ぶんの薄力小麦粉を全体にふりかけ、全体をよく混ぜる。そこに牛乳を1ℓのパック1本ぶん注いで煮立たせる。お好みでバターを加え、コンソメで味を整える。あとは20分くらいコトコトと煮てやるだけで、きっちりとろみのついた美味しいシチューが5〜6皿ぶんはできてしまうんです。どうです、簡単でしょ？

なんて偉そうに言いましたが、僕もそのことをつい最近知って驚いたばっかりなんですけどね。

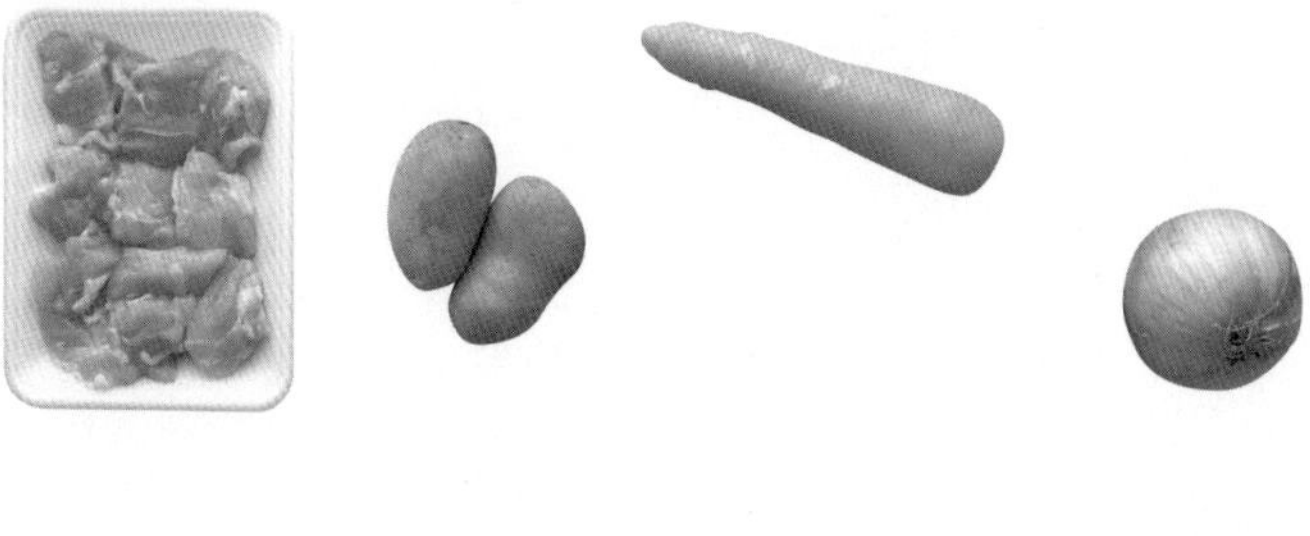

基本のホワイトシチュー

●作りかたは前のページのとおり。今回はオーソドックスに、鶏もも肉1枚ぶん、大きめのニンジン1本、玉ねぎ1個、中くらいのジャガイモ2個を具材に使いました。牛乳を入れた直後はサラサラで「本当にとろみなんてつくの？」って感じると思いますが、最終的にはちゃんとシチューになるので大丈夫！

シュクメルリ

●ここからは応用編。別鍋にとったシチューにニンニクチューブを好きなだけと、お好みでピザ用チーズ、ふかしたさつまいもを加えて温めれば、一転パンチのある味わいのジョージア料理「シュクメルリ」風に。

ミラノ風ドリア風ドリア

●翌日以降の煮詰まったシチューは、そのままグラタンやドリアの素として使えます。耐熱皿にご飯、シチュー、市販のミートソースとピザ用チーズを重ねてグリルで焼けば、〝あのお店風〟ドリアが自宅で！

クリーミーピザ

●僕は、冷凍ピザに具材とチーズをたっぷりと足して温める「ブーストピザ」で晩酌をするのが大好き。煮詰まったシチューとチーズをたっぷりピザに乗せてチンすれば、大満足のクリーミーピザに。

カレーライス

●最後にしてもっとも簡単なアレンジは、カレー。別鍋にとったひと皿ぶんのシチューにスプーン一杯のカレー粉を加えて温め直すだけ。カレーはシチューよりも塩気強めが美味しいので、適宜塩を足して。

フレンチトースト自由形

あれは娘が2才の頃。まだまだ好き嫌いが多くて、好んで食べたがる食事メニューが少なく、その範囲をじわじわと広げていきたい日々を送っていました。

そんななか、レシピ本を見ながら、生まれて初めて作ってみたのが「フレンチトースト」。あれって簡単にいうと、卵と牛乳を混ぜて砂糖で味つけした液をパンに染み込ませ、バターで焼くだけなんですよね。あくまで簡単にいうと。で、これがやたらと美味しく、娘も喜んで食べてくれた。

そして気づいてしまいました。フレンチトーストの原料って、甘みを抜いちゃえば、パン、牛乳、卵、以上。ならば、しょっぱくアレンジしても美味しいに決まってる。　名づけて「フレンチトースト自由形」！

●卵と同僚くらいの牛乳を器に入れて混ぜ、そこにてきとうにカットしたパンを浸す。液が染みこんだら、油をひいたフライパンに全てを流しこんで焼くだけ。これがすべての基本です。

フレンチトースト～すき焼き風～

●上の写真は、いったんすき焼きを作り、そのつゆを基本の卵液に適量混ぜ、そこに浸したパンを焼いたのち、上に具を盛りつけたもの。ただ、ここまでやるともはやご飯がほしくなってしまうので、気軽に作るなら、卵液に市販のすき焼きのたれを混ぜてそこに浸したパンを焼くくらいでじゅうぶん。

これでじゅうぶん！

フレンチトースト～朝ごはん風～

●卵液に醤油少々を加え、パンを数分浸しておく。その間に油をひいたフライパンでソーセージ数本を焼き、およそ火が通ったところでパンと卵液を投入してさらに焼く。パン、卵、ソーセージ、牛乳、朝食の定番が合体！

フレンチトースト～ナポリタン風～

●薄切りにしたソーセージ、ピーマン、玉ねぎなどの野菜を炒め、基本のフレンチトーストのもとを投入。ケチャップ適量を加え、炒めながら全体に絡める。懐かしいような新鮮な、新しい洋食メニュー？

ソースせんべいの食材としてのポテンシャル

僕、「ソースせんべい」ってやつがやたらと好きなんですよ。子供のころ夏祭りに行くと必ずルーレットに挑戦し、当たった枚数に一喜一憂してました。大人になった今も、たまにスーパーで見かけると「懐かしいな」なんて買って帰りその淡い味わいを楽しんでいます。

ところで、ある日気がついたんですよね。「ソースせんべいとハムの大きさ、ほぼ一緒！」って。そこで、ソースせんべい（以下SS）↓ハム↓SS↓スライスチーズ↓SS↓ハム↓SSと重ねてみたところ、なんと小粋なオードブルが完成！

実はSSって、料理に使う食材としてのポテンシャルがかなり高いということが判明してしまったんですよね。

まさかここまで大きさが一緒とは！

ソースせんべいオードブル

●ソースせんべいをベースに、好きな食材をミルフィーユ状に重ねていけば、急なお客様が来たときにも心強いオードブルがあっという間に！　せんべいのほのかな甘みが、塩気のある食材とよく合います。

こちらは「柿と生ハムとクリームチーズのソースせんべいミルフィーユ」。

ソースせんべい汁

●青森の郷土料理に「八戸せんべい」の入った鍋「せんべい汁」がありますが、そんな感覚でソースせんべいを鍋の具にしてみました。汁を吸うととろっとジューシーになり、肉や野菜を巻きながら食べても美味しい！

絶品の鶏の照り焼きは「すし酢」だけあれば作れる

「いろんなお酢料理がカンタンに作れる！」がキャッチコピーの、ミツカンの「カンタン酢」。鶏肉をフライパンで炒め、最後にこのお酢を加えて煮からめるだけで、簡単にさっぱり風味の鶏の照り焼きができてしまうという、便利な調味料です。そこで、他にも照り焼きが美味しく仕上がるお酢はないのかな？と気になり、市販の9種類のお酢で鶏肉を炒め比べてみたところ、ただ酸っぱいだけになってしまった「純米酢」や「白ワインビネガー」などの失敗もあった反面、大発見もありました。それが、「『すし酢』だけでパーフェクトに美味しい鶏の照り焼きができてしまう」というもの。他の調味料は一切不要なんです。信じて！

●試作に使ったのは「カンタン酢」「純米酢」「ぽん酢」「りんご酢」「すし酢」「ピクル酢」「白ワインビネガー」「土佐酢」の8種類。すし酢に次ぐ第位2は「ぽん酢」でした。

鶏のすし酢照り焼き

●まずはフライパンに油を敷き、全体に火が通るまで鶏もも肉を炒めます（もしくは酒蒸し法でも）。火がとおったら鶏肉の表面全体にいきわたるくらいの量のすし酢を加え、それが肉になじみ、表面にこんがりと焼き色がつけば完成。あれ？　すし酢って、照り焼きのもとだったっけ？

今日はもうな〜んにもする気力がない…

お寿司がオシャレに大変身♪

という日のための、お手軽！瞬間！すぐレシピ！

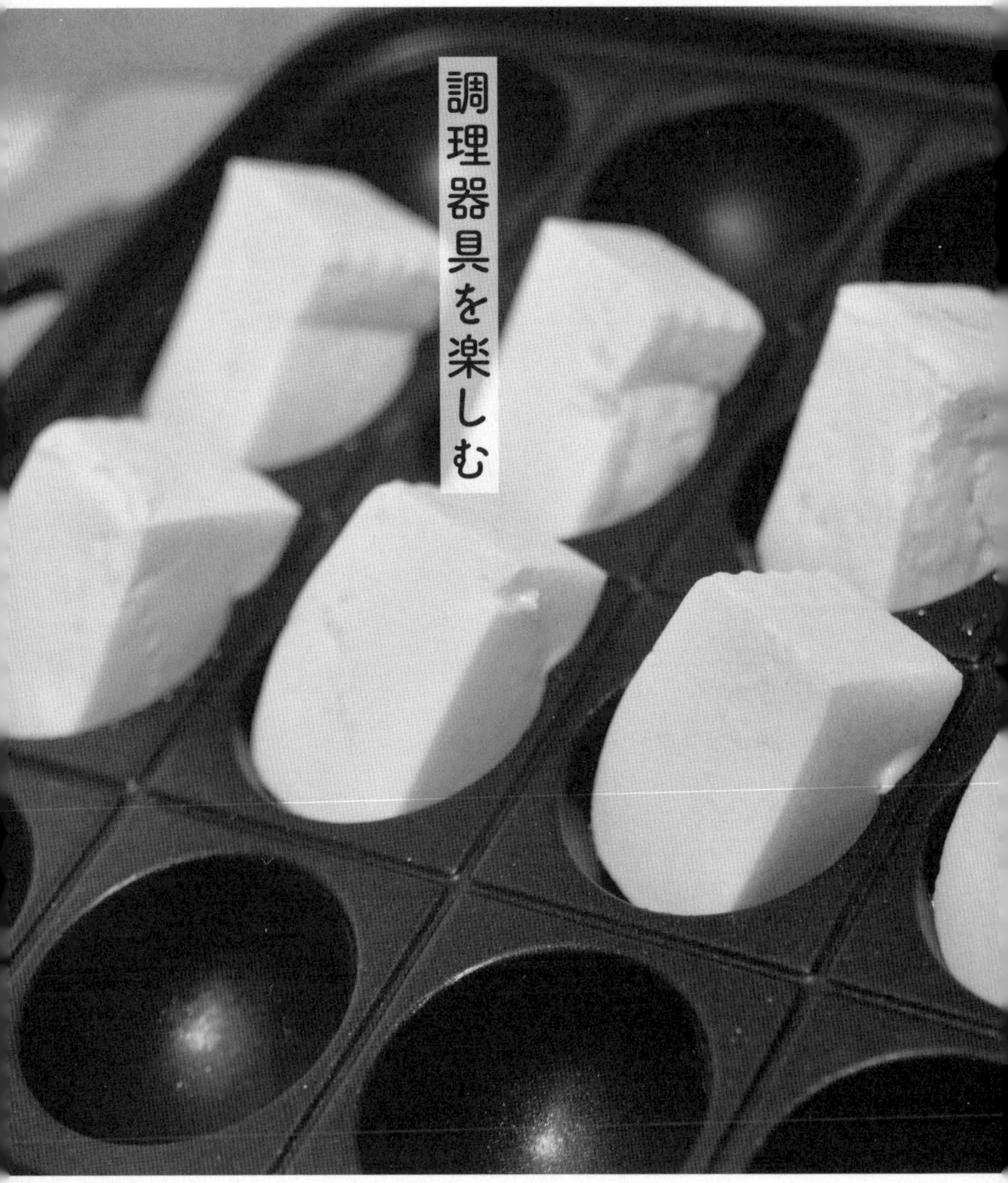

調理器具を楽しむ

偶然の発見！
たこ焼き風コロコロ豆腐

家たこ焼きをひととおり堪能し、「何かもう少しつまみが欲しいな〜」と、小さく切ったウインナーなんかをたこ焼き機の穴にポトポト入れ、焼きながらおつまみにすることってありません？

以前そういうタイミングで、何気なくサイコロ状に切った木綿豆腐を焼いてみたことがあるんですが、これがびっくり！　コロコロと転がすほどに角がとれて丸くなり、まるでたこ焼きそっくりに焼きあがったんですよね。ソースやマヨネーズをかけたら、かなりたこ焼き気分。それでいて、本体は単なる豆腐なのでヘルシー。さらに、じっくりと丸めていく過程自体も楽しくてお酒のつまみになってしまうという、いいことづくめのレシピなのです。

最初は本当に丸くなるのか不安になるけど……。

たこ焼き風コロコロ豆腐

●油をひいたたこ焼き機に、穴からはみ出るくらいの大きさに切った木綿豆腐（1丁ならば12等分くらい）を入れて転がしながら焼いていきましょう。途中で小さく切ったタコの足を豆腐の中にねじこめば、さらにたこ焼き度がアップ。ソース、マヨ、かつお節、青のりをきちんと用意し、あまり深く考えずに食べれば、気分はもうたこ焼き！

厚揚げ風コロコロ豆腐

●よく考えてみると、周囲がこんがりとするまで油で焼いたコロコロ豆腐って、要素としてはほぼ「厚揚げ」なんですよね。というわけで、刻みネギと醤油が合わないはずがない。焼きたては格別！

イタリアンコロコロ豆腐

●基本がシプルなのでアレンジの幅があるのもコロコロ豆腐の良いところ。豆腐が丸くなってきたあたりでたこ焼き機にピザソースとチーズをたっぷり加えて焼きあげるイタリアン風なんて、そりゃ最高ですよ。

「メスティン」で白メシの美味しさ再発見！

「メスティン」というアウトドア用のクッカーがあります。語源は英語でmess+tin。翻訳すれば、食事＋缶。四角いアルミ製でかなりシンプルな作りの「トランギア」社製のものが有名。煮込み料理に蒸し料理、パスタにラーメンなどなど、アイデア次第であれこれ作れるかなりのすぐれもの。とりわけ、こいつで「飯ごう炊飯」した炊きたてのお米はめちゃくちゃ絶品なんですよね。初めて食べた時、炊いた1合の白メシを、思わず一気食いしてしまって、「こんな食欲、おれにまだ残ってたんだ……」と、自分がいちばんびっくりしてしまったほど。

ここでは、基本の炊飯方法と、これまでにやってみて特に楽しかったレシピふたつをご紹介。

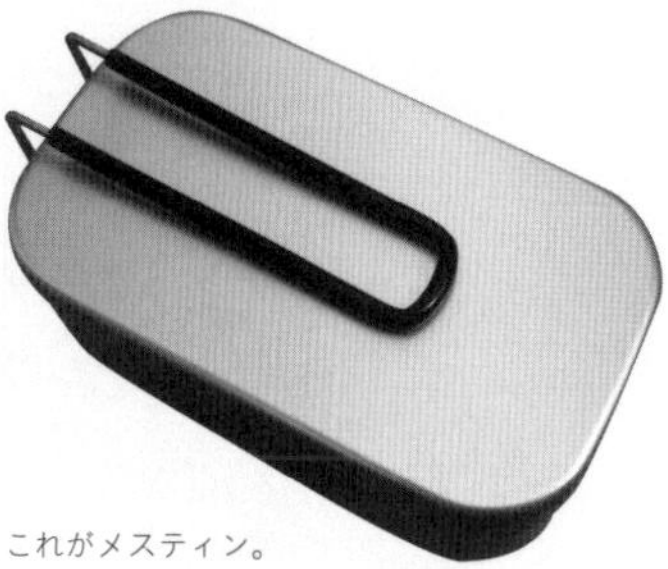

これがメスティン。

白メシ

●まずはメスティンに研いだお米を入れます。割合は、米1合に対し水200ml。そこからの炊きかたにはかなりいろいろな説があるんですが、僕がいきついたもっとも手抜きの方法は、これを弱火にかけておくだけ。しばらくするとグツグツと煮えだし、10数分もすればその音が「パチパチ」に変わるので、そこから30秒〜1分待って火から降ろし、逆さまにして10分ほど蒸らせば完成。美味しく食べるコツは、炊けたごはんはお茶碗などによそいなおさず、取っ手を持ってそのまま食べる！

パラパラと塩をふるだけで本気のご馳走ですし、
お漬物なんか添えちゃった日にはもう……。

メスティンで麻婆豆腐

●たっぷりのひき肉、みじん切りのネギ、角切りの豆腐をメスティンでグツグツと煮、めんつゆと豆板醤で味を調整。水溶き片栗粉少々でとろみをつけるだけ。味つけが面倒なら麻婆豆腐の素でOK。麻辣味のピーナッツを砕いて乗せるのもおすすめ。

メスティンでもつ鍋

●牛もつ、キャベツ、ニラ、ニンニク、鷹の爪、その他好きな具材をそれぞれてきとうな大きさに切り、グツグツと煮込む。具材に火が通ったらめんつゆで味つけするだけ。我が家の定番もつ鍋レシピです。

利点だらけの
ホットサンドメーカークッキング

ホットサンドメーカー（以下ＨＳＭ）といえば、パンで具材を挟んで焼く「ホットサンド」を作る道具。ところがある日、そのＨＳＭを調理器具として自由自在に使いたおし、ＨＳＭ専門のレシピ本まで出版された、リロ氏さんという方の存在を知りました。すぐに影響されて買ってみたところ、楽しいうえに利点だらけ！　具体的には、基本的に弱火で蒸し焼きにするので失敗が少ないし、食材がふっくらと焼きあがる。最後に強火にすれば簡単に美味しそうな焦げ目がつけられる。焼いている途中、シンクの上などで縦にすると、隙間からよけいな油などを切ることができる。油はねがないからキッチンが汚れない。それからそれから……だめだ、スペースが足りません！

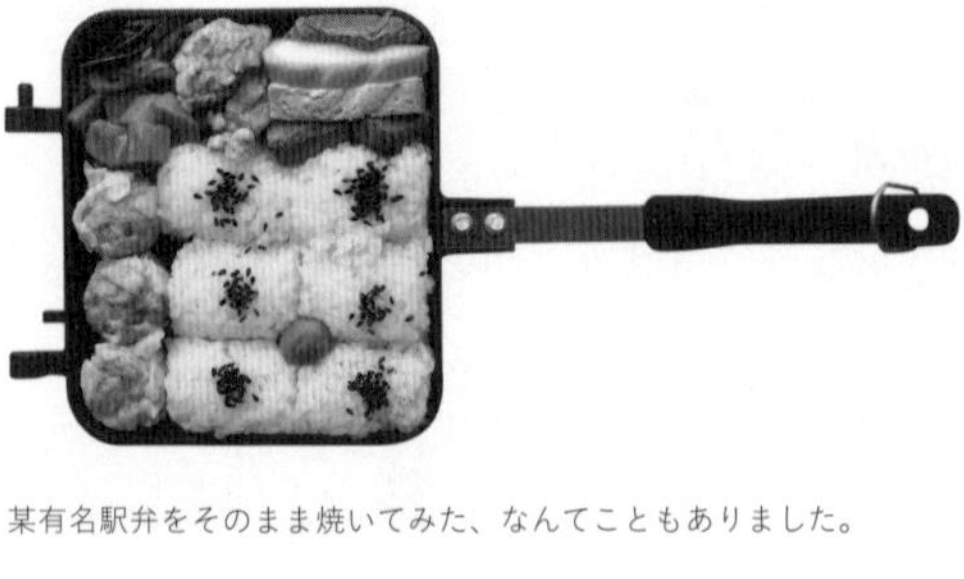

某有名駅弁をそのまま焼いてみた、なんてこともありました。

基本の鶏手羽焼き

●いつでもお手頃な鶏の手羽先や手羽元なんてものはあなた、もはやHSMで焼くための食材ですよ。ホットサンドメーカーにぎゅうぎゅうに並べ、上から塩コショウ。フタをしてひっくり返したら、もう片面にも塩コショウ。あとは火が通るまで弱火でじっくりと焼いていくだけ。仕上げに強火にし、隙間から湯気が出だしたらゆっくりと30秒数える。それを両面やれば、焦げ目がたまらなく食欲をそそる鶏手羽焼きの完成。これが基本で、味つけのバリエーションは無限大！

鶏油の旨味再利用アヒージョ

●手羽焼きを作ると、たっぷりの鶏の脂がHSMに残ります。そこにオリーブオイルを適量加え、好きな具材と塩コショウ、お好みのハーブなどを加えて再加熱すれば、鶏油の旨味が濃厚なアヒージョに。

アヒージョのシメうどん

●アヒージョも堪能しつくしたら、そこにまさかの冷凍うどんを投入。フタをして弱火で再加熱し、仕上げにカシャカシャと降って全体に旨味をまとわせれば、オイリーで背徳感のあるシメうどんの完成！

やきとん

●お店風の「焼鳥」や「やきとん」もHSMなら気軽に焼けます。好きな肉を見よう見まねで串に刺し、ぎゅっと並べてタレか塩で焼くだけ。HSMからはみ出した串をなるべく焦がさないようにだけ注意。

焼き固めカレーライス

●以前、あまりにハマりすぎて、お昼ごはんを一週間HSMで焼き固めてみるという奇行に出てしまったことがあります。特に良かったのが、カレーライスをそのまま焼き固めた、全体カリカリの焼きカレー。

イモノプレートで
ぶあつい肉をワイルドに焼く！

アウトドア界隈では「ただの鉄板」が人気なんだそうです。なんでも、厚い鉄板というのは一度火にかけて熱々にすると冷めにくいので、食材を乗せても温度の変化が少ない。よって熱が均一に回り、素材の旨味を逃さず焼けるんだそうで。

そんな話を聞き、いいな〜いつか買ってみたいな〜なんて思っていたら出会ったのが、１００均で３００円で販売されていた「イモノプレート」。イモノ（鋳物）とは、金属を溶かして型に流しこむ方法で作られた、鋳造金属製品のことで、これだって厚い鉄板には違いない！　と、喜び勇んでお肉を焼いてみたところ、自分がこれまでの人生で焼いてきたステーキのなかで、ダントツ一位の美味しさでした。鉄板万歳！

ポケットストーブに固形燃料をセットし、その上にイモノプレートを乗せれば、即席アウトドアグリルのできあがり。

ワイルドステーキ

●熱々にしたプレートで牛脂を溶かし、そこで肉と好きな野菜を豪快に焼くだけ。牛肉ならば、すべての面に焼き目がつけば、なかがレアーでも大丈夫。いったん肉をプレートから降ろして食べやすい大きさにカットしたら再びプレートに戻し、ジューッとステーキソースをかけて完成。プレートを火にかけたままにしておくと、食べ進めるにつれてレアーからミディアムへと変化していくのも楽しい。

今日はもうな〜んにもする気力がない…

という日のための、お手軽！瞬間！すぐレシピ！

牡蠣じゃなくて!?　柿のおつまみ♪

フィーリングカレー

「フィーリングカレー」で、カレー作りはどこまでも自由に！

平均的な日本人の一般的な感覚として、「カレーを作る」といえば、まずは玉ねぎを飴色に炒め、そこに肉や野菜を足して、水を加えて煮込んで、最後にカレールーをドボンと入れて溶かして……ということになりますよね。これが、いちからスパイスを調合する「スパイスカレー」となると突然ハードルが上がり、「いえいえ、私などそんな深い世界はとてもとても……」ということになりがちかと思います。が、僕はこの場を借りて声を大にして言いたい。カレー作りはもっと自由でいい！　と。

そもそも本場といわれるインドには、実は「カレー」という料理はなく、我々外国人が、香辛料をたっぷりと使ったインド料理の数々をいっしょくたにそう呼んでるだけなんだそうですね。で、僕が導きだした結論というか、極論がありまして、僕、

スパイスのなかでも特に「クミン」が大好きなんですが、何らかの食材をクミンを加えて炒めたらそれはもうカレー！　はい。あえて言いきってしまいました。でもカレー作りって本当、そのくらい自由でいいと思うんですよ。

もうちょっとだけいわゆるカレーのイメージに近づけるとして、そこにチリペッパーで辛味を加えたらもはや完全にカレーでしょう。なかったら一味唐辛子でもいい。あと最近は、100均でも小瓶の「ガラムマサラ」なんてのが売ってまして、これなんかもはや、カレーそのものと言っていい。足しちゃえ足しちゃえ。

そんな具合に、今手もとにある食材とスパイス的な何か。それを、その場のフィーリングで、炒めたり、煮たり、蒸したり焼いたりしたら、それはもうカレーなんですよ。さぁ、自信を持って！

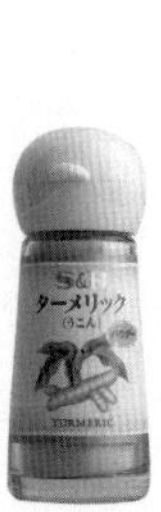

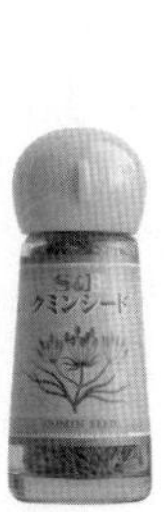

100均スパイスチキンカレー

●大きめの100均ショップの調味料やらスパイスやらが並んでる棚をのぞいて見ると、予想以上に幅広いスパイスの小瓶が並んでいて驚きます。そのなかから汎用性の高い、クミン、ターメリック、チリペッパー、コリアンダー、ガラムマサラあたりをフィーリングで買ってきましょう。ニンニク、玉ネギ、ジャガイモ、鶏肉あたりをてきとうな大きさに切ってスパイスを加えて炒め、塩（割と思いきって入れたほうがカレーとしてうまい）で味を整えれば、あっという間にオリジナルスパイスカレーの完成！　あ、もちろんスパイスは、このとおりじゃなくてもいいんですからね。

春菊とトマトとラム肉のカレー

●いくつものフィーリングカレーを作ってきたなかで、特に美味しかったのがこれ。たっぷりの油でクミン、ニンニク、鷹の爪、ラムの薄切り肉を炒め、ざく切りにした生トマトと春菊を加えてつぶしながら煮つめ、塩で味を整えて、仕上げにおまじないのガラムマサラ。たったこれだけで、夏向き爽快カレーのできあがり！

ミョウガとネギと豆腐のカレー

●ニンニク、玉ねぎ、長ねぎのみじん切りに、つぶした豆腐を加えて炒め、醤油で味つけ。最後にガラムマサラ少々。構成がほぼ「冷奴」ながら、組み合わせの妙かしっかりとカレーだし、しっかりうまい。

写真の左側がミョウガとネギと豆腐のカレー

アレンジレトルトカレー

●安いレトルトカレーにはどうしても「レトルト感」があることが多いです。ところが、家にあるてきとうな肉や野菜を炒め、そこにレトルトカレーを加えて煮込めば、一気に満足度の高い家カレーに変身！

さよなら離乳食カレー

●子供が離乳食を卒業し、食べきれずに余ってしまったものがたっぷり。それらすべてを鍋で煮込み、カレー粉やスパイスを足して、最後に赤ちゃん用のシリアルをぱらり。どこか寂しい、一生に一度の味。

ビリヤ似

●することがなく、日がな1日「ビリヤニ」を眺めていたら、「これって何かに似てるよなぁ」と気がつきました。あ！　家でよく作ってる「手抜きフィデウア」だ！　フィデウアとは、スペイン料理のひとつで、簡単に説明すると「パエリアのパスタ版」。手抜きフィデウアとは、ツジメシさんという方が考えた超簡単に作れるフィデウアのことで、鍋にパスタ、それが浸るくらいの水、好きな具材を入れて味付けをしたら、あとは火にかけるだけで絶品に仕上がるというとんでもなく便利なレシピ。これを応用してビリヤニっぽいものを作るアイデアを思いついたので、実行してみました。
油でニンニクと玉ねぎのみじん切り、鶏肉、カレー粉を加え、全体に火がとおったらいったん別皿にとりだしておく。パスタをなるべく短くバキバキと折って、上の食材をとりだしたフライパンに入れ、ひたひたになるくらいの水を注いで中火に。煮たってきたら、さっきとりだした具材を戻す。フタをして、おおよそ水分がなくなるまで待ちましょう。最後に塩で味つけをして完成。

今日はもうな〜んにもする気力がない…

気分は町中華飲み♪

という日のための、お手軽！瞬間！すぐレシピ！

枯れごはん

枯れごはん

40代になり、食べられる量や食材の好みに、目に見えて変化が現れだしました。

大盛りが売りの食堂とかではなくて、ごくオーソドックスなチェーン店でランチをしようとしても、一食の量がたいてい自分には多すぎるし、脂っこいと感じることも多い。そこで会社員時代は、強いて適量と思えた「小諸そば」のかけかもり、またはそこにイカ天を足したもの。それか「はなまるうどん」のかけ小を主食とし、ローテーションしていました。が、会社を辞めてフリーランスとなった今、仕事場は徒歩圏内で、家で仕事をすることも多いので、ランチで外食をする機会が激減。多くは朝昼兼用で、思い立ったときに冷蔵庫を物色し、納豆だの漬物だの、おかずになりそうなものをなんらか見つけ、それらでごはんを食べる。これが、量も、体が求めていた感じも、も

のすごくちょうどいいと気づいたんですよね。
もちろん頻繁に思いますよ。「枯れたメシ食ってんな、おれ」と。

しかしながら、じゃあそれなりのどうでもいい味かというとそんなことはなく、自分にとってはめちゃくちゃ美味しい。決まったレシピなどはなく、冷蔵庫にあった食材をただ組み合わせただけだから、もう一生作らないかもしれない。というか、二度と再現できないものも多い。お気に入りだから使い続けている茶碗も欠けている。

決してインスタ映えしない、口が裂けても「彼に作ってあげよう！」などとはおすすめできない、だけど日々の小さな幸福である「枯れごはん」。個人的に記録に残してきたなかでも、特に美味しかったり、寂しかったりするいくつかをご紹介します。

豆腐丼

●僕がいちばんよく食べている枯れごはん。あったかごはんに豆腐をざっくりと崩して乗せ、たっぷりのごまとだし醤油をかけるだけ。絹でも木綿でもいいし、ちょっといい豆腐を使えば大ごちそう。

闇チャーハン

●これまた僕の定番で、冷蔵庫にある残りものをなんでも刻んでチャーハンにしてしまう。この日はたっぷりの桜えびのせいか、どこかタイ料理風に着地しそうな気がしたので、味つけをナンプラーで。

コーンバターごはん

●最近やたらと好きで、コーン缶のストックを切らさないようにしています。特にコーンバターは晩酌の終盤の強い味方。そのコーンバターでごはんを食べてみたところ、ものすご〜く美味しかったのでした。

生トマトごはん

●以前料理本で見た気がするレシピをおぼろげな記憶で再現し、何度か作るうち定着したメニュー。生のトマトをざく切りにし、オリーブオイルとめんつゆを加えて混ぜ、ごはんにかけるだけ。夏の朝に。

ぽりぽりきゅうりごはん

●「きゅうりのキューちゃん」や、僕と同じ名前の「パリッコ」に代表される、ぽりぽり系のきゅうりのお漬物。個人的に、漬物のなかではあれがダントツで白メシに合うと思ってるんですよね。

目玉焼き失敗丼

●ある日、目玉焼き丼を作ろうとしたら、寝ぼけていたのか大失敗しました。ところがこれが、目玉焼き丼と卵かけごはんのいいとこどりな感じで、ものすごく美味しい。格言、目玉焼きは失敗するに限る！

ニラそば

●激安袋麺の醤油味をいつもどおりに作り、最後に細かく刻んだ生のニラをたっぷりと加える。贅沢に卵を加えても一食100円足らず。それでこんなごちそうがいただけるんだから、地球って最高。

なすの蒲焼き丼

●皮をむいたナスをラップにくるんでレンチン（600W3分）。半分に切って広げ、油たっぷりで焼いてうなぎのタレを絡める。というネットで見かけたレシピをベースに、面倒なので皮はむきませんでした。

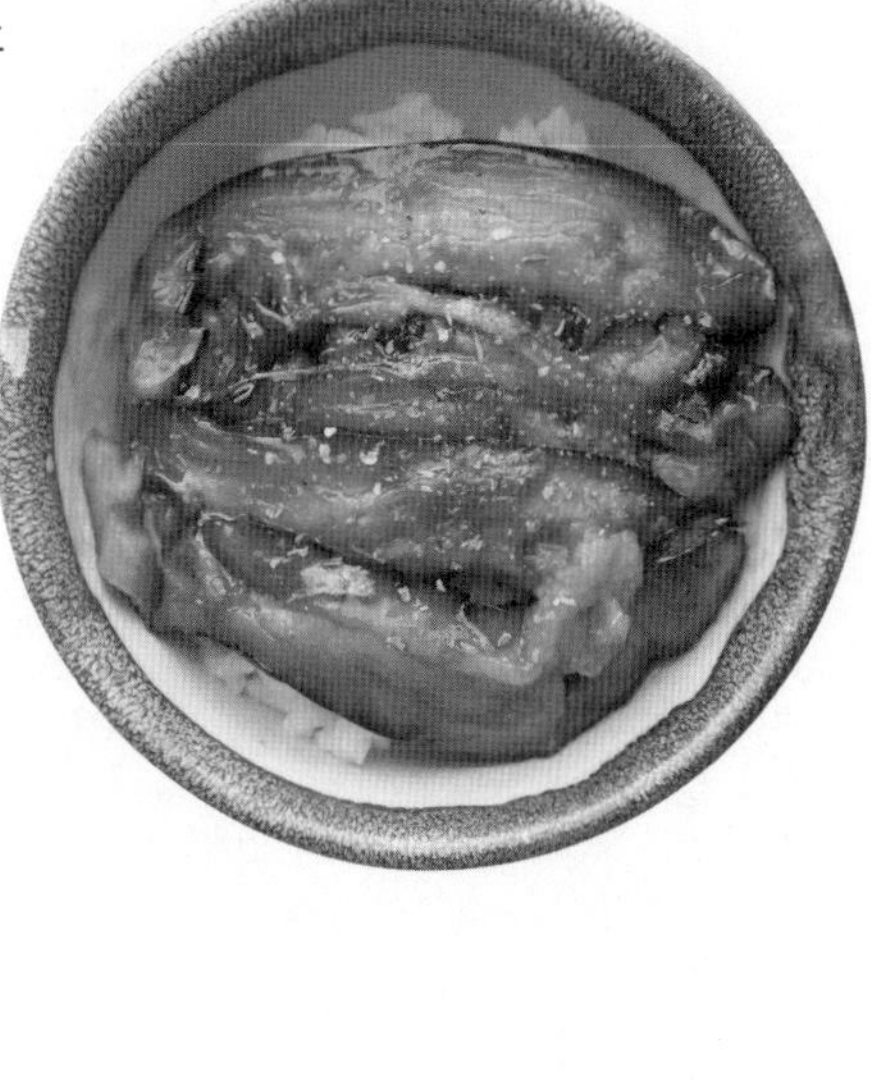

今日はもうな〜んにもする気力がない…

という日のための、お手軽！瞬間！すぐレシピ！

優しさ日本代表♪

とっておきごはん

簡単だけど幸福度は高い「とっておきごはん」

根っからの酒飲みで、晩酌のときは基本的にお米を食べない僕ですが、ごはんに合うおかずで白メシをかっこむのは大好き！　毎日、「さて今朝は何をおかずに米を食らってやろうかな〜？」と考えている時間には、ものすご〜く幸せを感じます。結果、生みだされるメニューの多くは、前章の「枯れごはん」のようなものになるわけですが、ごくまれに、自分で作っておきながら、「こ、これはとんでもないごちそうだ！」と狂喜乱舞してしまうこともあり。

そこで、たっぷりと枯れたごはんを見てもらったあとは、今まで僕が考えてきたごはんものメニューのなかから、「とっておき！」と思えるレシピをいくつかご紹介したいと思います。

サラダや冷奴にもぴったりの「生マッシュルームのふりかけ」。

消滅するエンガワ丼

●これは、完全なる偶然から生まれたレシピ。
スーパーでお刺身用のカレイのエンガワを買ってきて晩酌のつまみにしていたある夜。食べきれなかったぶんをだし醤油に浸し、簡易的な「漬け」にしておきました。翌朝、それを炊きたてごはんの上に乗せ、ターボライターで「炙り」を入れて食べてみたところ、口に入れた瞬間にじゅわっとエンガワが消滅し、残ったのは強烈な旨味をまとった白米だけ。そのなんと美味だったことか……。卵黄を加えるとさらに官能的な味わいに。

食べるときはよ〜く混ぜて。

生マッシュルームごはん

●基本的に生食をしないキノコ類のなかでは珍しく、新鮮なマッシュルームは生でも食べられるということを知ったのはけっこう最近のこと。カルパッチョ風がおすすめということでおそるおそる食べてみると、香り高く、火をとおしたときとは違う独特のサクサク、ギュギュっとした食感がおもしろく、確かに美味しい。

そこで、生マッシュルームを細かく刻み、オリーブオイル、粉チーズ、コショウを混ぜたふりかけにしてバター醤油ごはんにかけてみたところ……あの、これ、どこの国の高級料理ですか？

さけごはん

●お米を炊く水を日本酒に変えてみたらどうなるんだろう？　酒蒸し法の延長で、そんなことを思いつきました。そうだ、せっかくなら、鮭の西京漬けも一緒に炊き込んでみよう。……お察しの通り、「鮭→さけ」「西京漬け→さけかす漬け」のダジャレです。つまり、「さけ」づくしの「さけごはん」というわけ。
実際にやってみたらこれがもう、大変高貴な味わいの大ごちそうに仕上がりました。

いつもの水を酒に変え、お好みで醤油少々を加えて炊くだけ。

今日はもうな〜んにもする気力がない…

ちょ、ちょ、ちょ待てよ！

という日のための、お手軽！瞬間！すぐレシピ！

オリジナルドリンク

オリジナルカクテル？あれこれ

ここまで、僕が考えたアイデア料理たちをご紹介してきましたが、僕は根っからの酒飲みなので、それらは基本的に、お酒とともに楽しむために作っています。となれば、一風変わったお酒の飲みかただってあれこれ試したくなるもの。

例えば、プレーンチューハイにスライスしたキュウリを加えた「カッパサワー」なんてのは、実は大衆酒場には昔からある飲みかた。それじゃあ、他にもチューハイに合う生野菜はないの？　10種の野菜で試してみたところ、抜群だったのは意外にも「春菊」。

自分で考え、生み出したオリジナルなお酒アレンジ。それはもはや、この世に誕生した新しいカクテルだと言っても過言ではありません！

10種類の生野菜サワーを試したときの様子。玉ネギサワーがつらかった……。

春菊サワー

●甲類焼酎を炭酸水で割ったプレーンチューハイに、ちぎった春菊少々を加えるだけ。春菊独特のクセや苦味は感じず、むしろ不思議と甘酸っぱい。香りはまるで上品なマスカットサワー！　しかし、なぜ？

ハッカ油サワー

●食用のハッカ油を一滴プレーンチューハイにたらすだけで、体のなかからギンギンに冷える爽快チューハイの完成！　ただしハッカ油は刺激が強いので、心配な方はまず爪楊枝の先程度からお試しください。

インスタントコーヒー焼酎

●これはとある酒飲みの先輩に教えてもらった飲みかたで、コンビニによく売っている小さなプラカップの焼酎に、インスタントコーヒーの粉を入れてよく振るだけ。水に溶けるスティックタイプがベスト。

水“割り”出し緑茶

●緑茶をパックに入れてゆっくりと水出しすると、苦味や渋みがおさえられ、甘味と香りの高いまろやかな味わいになります。それを、クセのない甲類焼酎の水割りでやってみたら？　けっこうなお手前でした。

フローズンワンカップ

●ちょっと小洒落た居酒屋に、専用のお酒を特別な方法で冷やし、瓶からグラスに注いだ瞬間シャリシャリに氷る「みぞれ酒」なんてのがありますが、自宅で雑に真似するとこうなります。夏はこれ！

チリハイボール

●横浜・野毛のとある酒場のオリジナルをそのままいただいたレシピ。といっても、買ってきたウイスキーの瓶に乾燥したトウガラシを2、3本漬けておくだけ。炭酸で破れば、ピリッと刺激的なハイボールに。

今日はもうな〜んにもする気力がない…

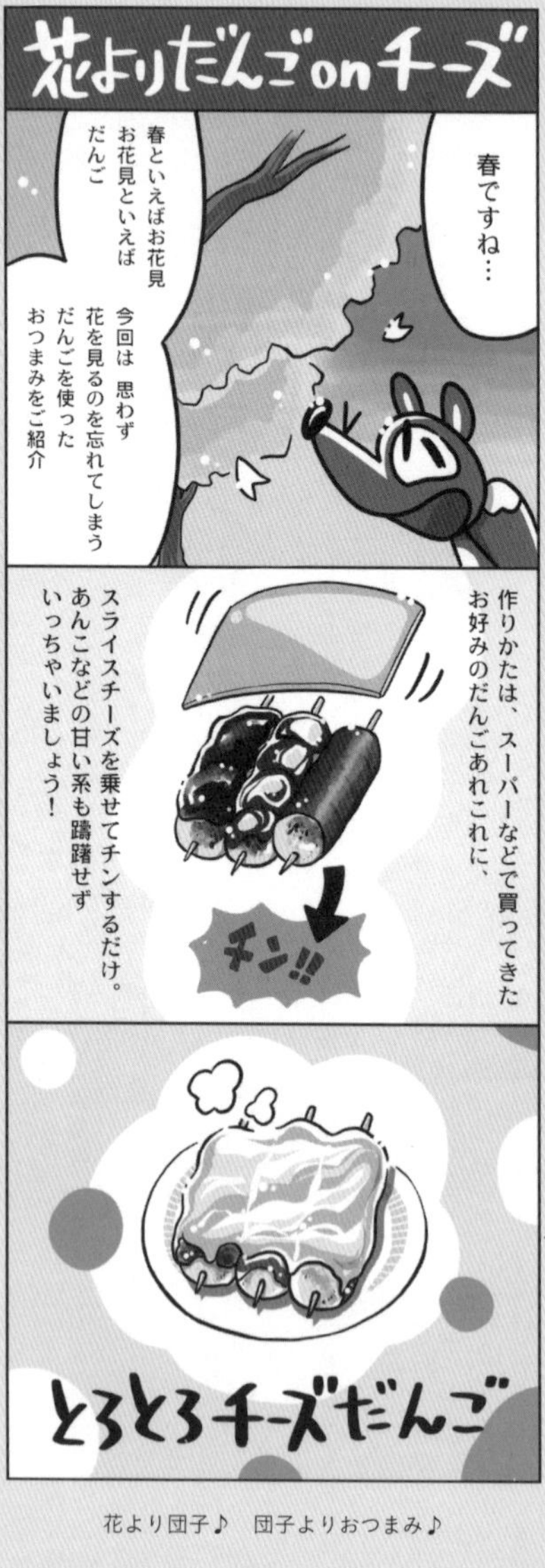

という日のための、お手軽！瞬間！すぐレシピ！

花より団子♪　団子よりおつまみ♪

愛しの調味料たち

ソースの自販機
販売窓口
営業中
トキハソース
Peacock
トキハソース
必ず1本毎に取出しをお願いします!!
Peacock
1923
特選
PEACOCK PREMIUM
Tokusen Sauce
Our company was established in 1923. It is the oldest sauce company in Tokyo. Our products are all handworked.
BLEND
TOKIWA SAUCE

愛しの調味料たち

最後に、僕の愛用している定番調味料たちをご紹介しようと思います。

調味料って、醤油ひとつとっても種類がありすぎて、自分にとってのベストがなかなかわからないですよね？　僕もそうだし、そこが料理の楽しさでもあるんですが、あれこれ使ってみているうちにお気に入りが見つかることもあります。

僕の場合、ヒガシマルの「牡蠣だし醤油」と、チョーコーの「ゆず醤油かけぽん」が永遠の2トップ。醤油とポン酢が必要な場合は、ぜ〜んぶこれ！　今さらですが、この本のレシピのなかで「醤油」「だし醤油」と書いてある場合、例外なくこの牡蠣だし醤油を使っていると思ってください。

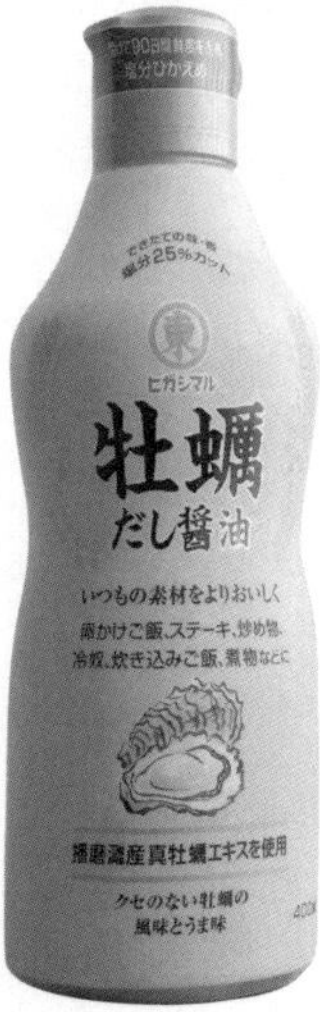

牡蠣だし醤油（ヒガシマル）

●オーソドックスな醤油に深い旨味とほんのりとした甘味が加わった、醤油とめんつゆのいいとこどり的な味わいの、僕の大大大定番！　刺身もこれなら冷奴もこれ。酒蒸しの最後に絡めれば勝手に絶品照り焼きになっちゃうし、煮物も炒め物も丼物も、とにかくなんでもビシッと味が決まります。

ゆず醤油かけぽん（チョーコー）

●日本人って本当にポン酢が好きですよね。スーパーへ行くと驚くほど種類豊富に、パッケージからしてそそるポン酢たちが並んでいます。気になって買ってみると確かにどれもうまい。けれども、けっきょく僕が戻ってきてしまうのは、クセがないのにクセになる、この「かけぽん」なんだよなぁ。

トキハソース

以前、北区を徘徊していたとき、街なかに突然ソース工場があるのを発見しました。しかも一角には、珍しいソースの自動販売機が。そこで「生ソース 濃厚」というのをひとつ買ってみたところ、未体験のフルーティーさにとっても驚いた。それこそが、僕と「トキハソース」の運命の出会いだったのです。

トキハの生ソースは、その名のとおり一切加熱をせず、野菜などの原材料を酵素の力で発酵させて作るというもの。ちょっとここには書ききれないので、詳細は僕の次回作『トキハソース物語』（発売未定）でまたじっくりと！

⑥ ⑤ ④ ③ ② ①

①生ソース 濃厚 初めて出会って感動した味。口の中が華やぐようなフルーティーさ。ソースの概念がいったん崩壊する。

②生ソース 中濃 もしも出会いがこちらだったとしても衝撃を受けていたであろうフルーティーさ。それでいてさらりと軽快。

③生ソース ウスター 甘みが強く、味に深みがある。どこかドレッシングっぽさもあり、生野菜にも合いそう。

④とんかつソース ほーこうきたか！ 生ソースの濃厚よりはおとなしめだけど派手さもあり、バランス良し。

⑤焼きそば 焼きそば好きの妻にこれを使った焼きそばを出したところ、「今まで食べた焼きそばでいちばん美味しい」とのこと。

⑥特選 多層的な旨味が絡み合う深い味わいは、王者の貫禄。ぱぱっと肉を焼いてこれで味つけるだけで、高級料理に早変わり。

菜館 にんにく油（S&B）

●ペペロンチーノを作り始めてからニンニクを切らしていることに気づいたものの、これを加えたら何の問題もなかった日から、絶大な信頼を寄せています。

四川風ラー油（S&B）

●ビンの中にゴロゴロっと花椒が沈んでいる本格派のラー油。かけぽん＋こいつ＝最強の餃子のタレ！

インデアン純カレー粉
（インデアン食品）

●一家に一本常備しておきたいカレー粉にもいろいろありますが、味のバランスが良くてお手頃なこちらが僕の定番。

粗切りトウガラシ（S&B）

●ニンニクとお酢を効かせたペースト状のトウガラシ。もつ焼き屋でたまに串に添えられてくる「辛味噌」感覚で使うのに最近激ハマり中。

あとがき対談

パリッコ（以下、パリ）　そもそも、ライターとしてこうやって本を出させてもらえるというのがものすごくありがたい奇跡のようなことなんですが、今回はレシピ本。自分で笑えてきます。まさかレシピ本を出す人生を歩むことになろうとは。

スズキナオ（以下、ナオ）　はは。確かに。でも、写真もきれいで、楽しい本になりましたね。そして、よく見るとひとつひとつがかなり変という。

パリ　そこがいちばん嬉しいポイントです。

ナオ　「しょっパフェ」なんか、さもスイーツのように写ってますが、しょっぱいんですもんね。

パリ　残念ながら。

ナオ　よくみると魚介類が飛びだしてる。

パリ　ぜひとも二度見してほしいと思いながら、丹精込めて作りました。

ナオ　壮大なギャグのようでもある。

パリ　めいっぱいふざけられて感無量ですよ。

ナオ　本当に地道に食の実験を続けていますよね。

パリ　好きなんですよ。だから、常にふざけてはいるんだけど、たまに「やば！　これ、うま！」っていう発見があって。だから、実用性も高めの内容にはなってるとは思われます。

ナオ　実際「酒蒸し法」なんかまねしたら本当に簡単で美味しい。でも、それで終わらせないでストロングゼロで試したりもするっていう。

パリ　万が一のことがありますから。料理人じゃないので、方程式がわかってないんですよ。数を試すしかない。そして、方程式を勉強するくらいなら試していたい。

ナオ　すごく色々試してるじゃないですか。前に、ホットサンドメーカーで一週間毎日ランチを焼き固めて食べてるのを見て、途中でラーメンとか食べたくならないのかな？　って思いました。

パリ　なるし、出た結論が、「ランチはホットサンドメーカーで焼かないほうがいい」っていう。

ナオ　はは、それでもやりとげるのが偉い。巻頭の写真はカメラマンさんが新たに撮りおろしたと聞いたんですが、撮影現場はどうでしたか？

パリ　ナオさんとも共通の知りあいの、カメラマンの坂田律子さんのスタジオで、僕が実際に料理を作りながら撮ってもらったんですよ。だからもう、楽しいだけでしたね。刺盛りのパフェ作って、撮影スタンバイが済んでから「じゃあイクラいきますね？　一発勝負で！」みたいな。

ナオ　ははは。それがあんなきれいな写真に。

パリ　ファッション系の撮影も得意な方で、パフェの写真に「アクセサリー置いてみましょうか」とか、僕には思いもよらぬ提案をしてくれたり。

ナオ　そうそう、あのアクセサリー素敵でした。

パリ　バカらしかっただろうなと思いますよ。「何を撮らされてるんだろう？」って。

ナオ　はは。いや、楽しそうな現場です。そもそもパリッコさんの食への探究心は、いつ頃からのものなんでしょうか？　若い頃って料理はしてました？

パリ　いえ、ぜんぜん。たぶん、酒場に対する興味と関係してる気がします。

ナオ　なるほど、居酒屋で美味しかったものを家で作ってみようとか。

パリ　あと、大先輩のラズウェル細木先生なんかと飲んでると、ず～っとそういう系のくだらない話ばっかりしてるじゃないですか？

ナオ　ラズ先生もこういうことをじっくり試してたくさん世に発表してますもんね。

パリ　飲みかたや晩酌にこだわる楽しみを教わったというか。あ、こだわるといっても「酒の飲みかたはこれが正しい！」みたいな難しいほうじゃなくて、自分の好きを追求してみるのって、すごく楽しいなっていう。

ナオ　自分でいろいろ試してみると、居酒屋の美味しいものがなおさらありがたくなったりもしそうですね。

パリ　うん。やっぱり酒場は偉大。

ナオ　パリッコさんのレシピって、足し算引き算みたいな感じがありますよね。「フレンチトースト自由形」だったら、あえて普通の作りかたから引き算して置き換えるとか、「フィーリングカレー」はゼロからの足し算カレーという感じだし、数学者っぽいなと思いました。

パリ　はは！　いちばん苦手な。

ナオ　変態数学者。

パリ　計算に計算を重ね、「よし、すき焼きの肉、引いてみよう！」って。でも、すごく大雑把な法則として、料理って足しすぎるとぼやけるじゃないですか。お店の美味しいラーメンにお酢とラー油とニンニク足しちゃったら、逆に味の満足度が下がるみたいな。

ナオ　確かに。

パリ　そういう意味で、「やり過ぎる系」みたいなレシピは少ないかもしれないですね。

ナオ　引くほうがおもしろいのか。

パリ　言われてみて気づいたけど、そうなのかも。「ミンチにしない肉料理」だったら工程を引くとか。単に楽しいだけでもあるんですが。

ナオ　うんうん。神戸の新開地の「冨月」という居酒屋のおつまみで「サンドイッチの具」っていうのがあって、よくあるサンドイッチから、まさかのパンを抜いたものなんです。ハムとキュウリとマッシュエッグみたいな。

パリ　はは。その発想最高ですね！　例えばそれを「ただの玉子サラダだろ」っていう人もいるかもしれないけど、あくまでサンドイッチから引き算した料理だと宣言する。味は同じでも楽しいですよ。

ナオ　ね。「カレーからルーを引いちゃおうかな？」とか。

パリ　「今日はおにぎりの具で飲むか〜！」って、梅干しをかじる。

ナオ　白米をほおばりながら「牛丼の具なしうめー！」。

パリ　はは。ただの貧乏学生。

ナオ　心だけはめっちゃ豊かなね。

パリ　いじけながら食ってる奴よりは幸せですよ。そんなスタンスで、これからも晩酌を楽しんでいこうと思います。

ナオ　またいろいろと美味しいものが生まれたり、たまに失敗したりしていくんでしょうね。あ、ちなみに今回、載せられなかったレシピもあるんですか？

パリ　ありますあります！

ナオ　じゃあもう、すぐに第二弾の制作に取りかからなきゃいけないですね。

パリ　そもそも、頼まれなくても日々の晩酌は続きますし、すでに取りかかってるともいえる。

ナオ　なるほど。新しいアイデアレシピの報告を楽しみにしています！

晩酌わくわく！ アイデアレシピ

2020 年 10 月 30 日　初版印刷
2020 年 10 月 30 日　初版発行

著者　　パリッコ

写真　　坂田律子（カバー、表紙、P.2〜7、10〜12、17〜21、33〜36、37上段、39、77〜80）
酒マーク　　近頃チモ
編集　　大久保潤（P ヴァイン）
デザイン　　北村卓也

発行者　　水谷聡男
発行所　　株式会社 P ヴァイン
〒 150-0031
東京都渋谷区桜丘町 21-2 池田ビル 2F
編集部：TEL 03-5784-1256
営業部（レコード店）：
TEL　03-5784-1250
FAX　03-5784-1251
http://p-vine.jp

発売元　　日販アイ・ピー・エス株式会社
〒 113-0034
東京都文京区湯島 1-3-4
TEL　03-5802-1859
FAX　03-5802-1891

印刷・製本　　シナノ印刷株式会社

ISBN 978-4-909483-71-3

ele-king books

「すぐレシピ」初出　株式会社マイナビ　Web メディア「オトナノ」掲載